家康と播磨の藩主

播磨学研究所◉編

神戸新聞総合出版センター

◎目次

家康を見直す ―――――――――――――――― ◎安部龍太郎 5

「神君史観」も「狸おやじ史観」も超えた家康像へ　直線的な信長、多角的な秀吉、らせん的な家康　戦国時代はどういう時代なのか　戦争と技術力・資金力　信長が堺と草津の代官になりたがった理由　家康とカルバリン砲　大坂城はキリシタンの最後の砦だった

賤ヶ岳七本槍の加古川城主・加須屋武則 ――――――― ◎多田暢久 25

加須屋真雄を知っていますか　加古川藩主か？　賀須屋助右衛門　太閤蔵入地の代官・加須屋内膳　軍事力の基盤としての知行　封建制と官僚制、地方分権と中央集権　加須屋家誕生の背景　可能性としての絶対政権・豊臣の官僚として星をつかみそこねる男

〝西国の将軍〟姫路城主・池田輝政――◎伊藤康晴 49
はじめに　輝政以前の池田家　小牧長久手の戦い　池田輝政の出発　岐阜城主から吉田城主へ～輝政の結婚～　関ヶ原の戦い　播磨国拝領と姫路城　晩年の輝政　輝政の死去とその後の一門衆
山崎、福本に刻む池田輝澄・政直の足跡――◎宮永　肇 87
鵜殿一族と日蓮宗　督姫と青蓮寺　督姫と家康　池田輝澄の山崎立藩　輝澄の病と池田騒動、そして因幡国鹿野へ　政直、赦されて福本藩立藩へ　安積文書に見る池田輝澄家と安積氏の交流
林田藩主・建部政長――◎宇那木隆司 103
林田の里―追憶の藩祖政長―　建部氏の出身―激動の時代の近江―　祖父・建部寿徳―信長・秀吉に仕えた「ふるつはもの（古兵）」―　父・建部光重―豊臣の家臣として生きた早熟の目利き―　建部政長―家康の恩義に応えた少年―

播磨の豪将・後藤又兵衛 ◎北川 央 121
後藤又兵衛の大坂城入城 幕府からの執拗な勧誘工作 冬の陣 夏の陣・道明寺合戦

海峡の町を創った明石城主・小笠原忠真 ◎藤尾隆志 157
はじめに 小笠原前史の明石 戦国時代の小笠原氏 大坂の陣と小笠原家 忠真、明石へ移封 明石城築城 忠真の治世 忠真九州へ おわりに

戦国の龍野城主・蜂須賀小六正勝 ◎新宮義哲 177
大柄な蜂須賀小六正勝のイメージ 小柄だった蜂須賀小六正勝？ 物語の中の蜂須賀小六正勝 蜂須賀家の出自 蜂須賀小六の出自と前歴 信長の家臣から秀吉へ 秀吉の播磨進攻―播磨地方の転換期― 龍野城主・蜂須賀正勝 「勇将」と「智将」を兼ね備えた蜂須賀正勝 家康と蜂須賀家―近世大名へ― 蜂須賀正勝の人物像

関ヶ原・大坂で家康に味方した一柳家 ◎粕谷修一 203

一柳家のおこり―伊予から美濃へ　一柳直末―秀吉に仕える　一柳直盛―関ヶ原の前哨戦・岐阜城攻めで活躍　関ヶ原後、伊勢神戸へ　大坂の陣では徳川方に　大混乱だった大坂夏の陣の現場　小野藩の成立事情―初代藩主は？

永井直勝の一族と赤穂藩主・永井直敬 ◎豆田誠路 225

はじめに　直勝以前の三河国大浜と長田家　永井直勝の経歴　小牧長久手の戦い　その後の永井直勝　文に秀でた直勝　武の一面　永井直勝の妻子　美濃加納と大和櫛羅の永井家　赤穂藩主・永井直敬

江戸幕府の〝大外堀〟―あとがきに代えて 251

＊本書は播磨学特別講座「家康と播磨の藩主（播磨の殿さま群像シリーズその3）」（2016年4月～10月）をもとに構成したものです。

家康を見直す

安部龍太郎

◎――「神君史観」も「狸おやじ史観」も超えた家康像へ

BS－TBS「高島礼子・日本の古都」という番組の「家康と京都、謎の15年」の回に案内人として出演して、二条城や伏見城、南禅寺に行きました。

家康ゆかりの圓光寺《えんこうじ》という寺にも行き、びっくりしました。活版印刷を発明したのはドイツのグーテンベルクで一四四五年ごろのこととされています。その印刷技術をヨーロッパの宣教師たちが持ち込み、日本でも活版印刷が始まりますが、アルファベットや平仮名の金属製の活字でした。家康は「これはすばらしい」と、一五九九年、関ヶ原の戦いの前年に木製の活字をつくらせました。なんと十万点です。そして活版印刷をさせ本の出版をしたのです。

家康というと、たとえば江戸時代は「神君家康公」の史観でしか語られませんでした。明治維新以後は、明治政府は徳川幕府を打倒したわけですから徳川家のことはよく言わせず、家康の評価もガラッと変わって「狸おやじ」と呼ばれるようになりました。

そういう「神君史観」とも「狸おやじ史観」とも違う、本当の家康像はどこにあるのかというのが、いま取り組んでいる「家康」という小説のテーマです。そのなかでも、すでに関ヶ原の前年に出版文化の興隆を願って十万もの活字をつくらせていることが、家康像を窺う一つの手がかりになるのではないかと、圓光寺で木製の活字を見せていただいて思いました。

◎――直線的な信長、多角的な秀吉、らせん的な家康

「家康を見直す」ということは実を言うと、戦国時代史そのものを見直すということでもあります。戦国の三英傑の信長、秀吉、家康のうち、最初私は信長への興味から戦国時代史を書くようになりました。ところが今この年になってみると、あるいはこの世界状況になってみると、だんだん家康が一番すごいと思うようになりました。

たとえていえば信長は直線的です。思ったことへとすぐ走り出す、天才的なひらめきとすさまじいばかりの行動力がありました。なにしろ比叡山を焼き討ちにする、あるいは伊勢長島の一向一揆で二万人近くを一度に焼き殺すというようなことをした人です。だから当時の常識人から見ると信長は、たとえは悪いのですが、今のＩＳ（イスラミックステート）みたいに見えていたのではないでしょうか。もしかしたらあのＩＳが中東にイスラム国を樹立するような時代が来ないともかぎりません。信長はそれぐらい型破りのことをすさまじい決断と行動力でやってのけました。それを継いだ秀吉は多角的だと思います。「多角経営」という言葉がありますが、あらゆる方向に気づかいができる、ものすごく頭がいい人で、それで信長亡きあとの混

乱状況をうまく収めてのし上がることができました。

　では家康はどうかというと、「らせん的」だと思います。らせん階段というのがあります。ネジのようにグルグル上がっていきます。家康は同じ場所に立っているようでいて、年が経つごとに少しずつ成長していっている。まるでらせん階段をのぼるようなのです。

　家康でよく知られるエピソードに、家臣を許したというのがあります。自分の命を狙った者まで許しました。家臣に理由を聞かれた家康は、こう答えたといいます。「もうあいつの家は滅びているのに、前の主君の恩義を感じて、仇である自分の命を狙ってきたのは大変な忠義心だ。そんなことができる男はなかなかいない。だからいま助けておけば、十年ほど経ったら自分への憎しみも消えて、せがれの秀忠が将軍になったころにはその忠義心によって、いい側近になるだろう」。

　これを聞いた家臣が「いや、あいつのことだからもう一回命を狙ってきますよ、それでも許すのですか」と言うと、「こちらが用心するからそれでいい」と答えました。そうして許した人物は、案の定秀忠の有力な側近になりました。

　家康は三方ヶ原の戦いで武田信玄に大敗し、浜松城に命からがら逃げ帰ります。そのときに多くの家臣たちが家康を助けようとして、しんがり（軍勢の一番後ろ）で家康の盾になって死にましたが、そのなかには三河一向一揆のときに家康に許してもらった人たちが大勢いました。

そういう人間の幅の広さ、いつの間にか人を惹きつけていく見通しの確かさというものが、家康にはあったのです。

◎――戦国時代はどういう時代なのか

家康は一五四二年の生まれで、信長より八つ年下、亡くなったのが一六一六年、今からちょうど四百年前です。まさに戦国時代の真っ只中を生きて、生まれたときから大変な苦労をしました。

三歳のときに母が里に帰されました。里の水野家が、それまで今川方だったのが織田方についたからです。六歳のときに家康は今川家に人質にやられることになりましたが、その途中に織田家に通じた人間により織田家に売り渡され、八歳まで尾張で人質になりました。八歳のときに今川家と織田家の人質の交換で三河に帰ることができましたが、そのまま駿府（静岡市）に人質にやられて、十九歳のときに今川方として桶狭間の戦いに出陣しました。そのあとはほぼ戦の連続です。

家康が生きた戦国時代とはどういう時代なのか。これは私自身の一つの大きなテーマです。というのは織田信長のことを小説に書こうと思って、三十年近くやってきたのですが、あれほどの天才の本質はなかなかわかりません。なにしろ虫も殺したことのないような男が、一度に二万人も焼き殺す人間の内面をどうやったら書けるのか、これはなかなか難しい。

ですが、なぜ信長がわからないかだけは、わかってきました。それは、戦国時代史の捉え方が根本的に間違っている。つまり、江戸時代の史観で戦国時代が語られているからなのです。江戸時代の史観の欠点の一つは「鎖国史観」です。江戸幕府は一六三〇年代から幕末までおよそ二百五十年近く鎖国をして、国民に外国のことは一切教えませんでした。ですから戦国時代史も、外国の影響を一切抜きにして教えているわけです。

ところが戦国時代というのは、世界の大航海時代に当たります。一五〇〇年代前半、スペインはコロンブスのアメリカ大陸発見を契機として、アメリカ大陸のほうに植民地を拡大していきました。ポルトガルはバスコ・ダ・ガマのインド航路の発見後、南アフリカの喜望峰をまわってインドに進出して、それからアジアにやって来ました。

スペインもメキシコ湾から陸路を通って太平洋に出て、そこから太平洋航路でフィリピンにやって来ました。そういうなかでポルトガル人が日本に鉄砲を伝えたりザビエルが来日したりと、世界の大航海時代の波が日本史上初めて日本とヨーロッパを出会わせました。戦国時代はそういう時代です。

ちょうどそのころ、日本では大変な事件が起こりました。石見銀山で銀が大量に発掘されるようになったのです。一五三三年、博多の商人の神屋《かみや》（谷）寿禎《じゅてい》が石見銀山の銀の開発を始めました。朝鮮半島から導入された灰吹《はいふき》法という新しい精錬技術を用いて銀の精錬を始め、純度が九九・九九％の銀をつくれるようになりました。世界の産出量の三分の一が取れたといわれています。

これを東南アジアに輸出して、空前のシルバーラッシュです。輸出した銀の見返りとして、東南アジアや明（中国）から陶磁器類や生糸類、漢方薬などが大量に輸入されるようになりました。明国は当時海禁（鎖国）策をとっていましたから、密貿易者などと貿易をするわけです。そして日本の商品の流通量が飛躍的に増えました。超高度経済成長時代です。

室町幕府はいわば農本主義的な国家経営をしていましたが、それではとても対応できなくなり、重商主義的な政策をとっていった戦国大名たちが台頭してくるわけです。たとえば信長がやった楽市楽座も重商主義的な政策です。規制を撤廃して商品流通を活発にし、商品流通の増大に対応できるような城下町づくりをするといった新しい施策を打ち出していく、そのことによって国が豊かになる、そういう国が周辺より強くなるわけです。

もう一つが、港を中心とした領国経営です。戦国時代というと国と国が領土を争っていたというイメージがありますが、これは必ずしも正しくありません。もちろん領土を押さえることは食糧と兵士を確保するためには重要ですが、経済的には、それより港を中心とした流通路を押さえたほうがはるかに収益があがります。津料《つりょう》という港湾利用税や、そこでおろされる商品の額に応じた関銭《せきぜに》という関税を取ることができたからです。

それらの収益は莫大なものでした。信長が転々と拠点を移して、最後は琵琶湖をがっちりと押さえる態勢をとったのは、流通路を制するためでした。信長は海外貿易に乗り出すために、やがて大坂に拠点を移そうと考えていました。

◎——戦争と技術力・資金力

海外貿易には重要な点があります。それは軍事物資です。織田信長は鉄砲で天下を取った、長篠の戦いでは三千挺の鉄砲を使って武田の騎馬隊をやっつけたとよくいわれます。まさに鉄砲は天下取りの趨勢を変える新兵器でした。だけど、鉄砲を使うには火薬と鉛が要るという視点が、日本の歴史のなかでは非常に薄くしか扱われていません。

黒色火薬は、木炭と硫黄と硝石でできています。ところが硝石の原石は日本では産出せず、戦国時代のある時期まではほとんど東南アジアからの輸入に頼っていました。だから硝石の輸入ルートを持たない者は鉄砲を使えません。鉛もそうです。最近の研究によると、当時使われていた鉛の四分の三は東南アジアからの輸入品だろうという説が出されています。だから鉄砲の弾も輸入ルートを持たないと使えません。

さらに、鉄砲そのものをつくるのにも、輸入品が必要でした。鉄砲の筒はどうなっているか皆さんご存じでしょうか。軟鋼という軟らかい鉄を平たく餅のようにのばして、その上に芯棒をのせてくるっと丸める、これは軟らかい鉄だからできるのですが、それで水道管のようなものをつくります。ところがこれだけでは火薬の爆発力に耐えられないので、その水道管のようなものの周りに「葛巻《かずら》き」といって鋼《はがね》を巻いていくのです。

この軟鋼をつくる技術が当時の日本にはなく、インゴットの形で輸入していました。それから鉄砲の、引き金を引くと蟹目《かにめ》がスッと引っ込んで、カタンと火挾みが落ちる、からくり部分がありますが、ここは真鍮でできています。銅と亜鉛の合金で軟らかいから加工がしやすい。この真鍮をつくる技術も明治維新まで日本は持っていなかったといわれています。ですから、その両方とも輸入品でした。

私は久留米高専機械工学の出身で、卒論の研究テーマは金属疲労でしたから、鉄砲についてもこういうことが気になるわけです。

戦争で勝つには技術力と資金力とそれから軍勢の士気、あるいは指揮官の能力ですね。なかでも資金力と技術力だと思います。このあいだテレビ番組の取材で、ワシントンDCのスミソニアン博物館に行ってきました。そこにはエノラ・ゲイ、B29が保存してあります。日本を大空襲でボコボコにしたあの大きさの飛行機を、アメリカは八千機持っていました。あれは高度一万メートルを飛べるのです。

一万メートルを飛ぶためには何が必要か。一つは薄い酸素を濃い濃度の酸素に変えて燃焼させる排気タービン（ターボチャージャー）です。それを持たない零戦は六千メートルまで上がるのが精一杯でした。もう一つは飛行機内の気圧調整装置です。一万メートル上空でそれがないと、生身の人間は生きていられません。

もう一つは暖房です。一万メートル上空はマイナス四十度になります。よく零戦のパイロットが真夏でも防寒着を着て飛び立つシーンをご覧になると思いますが、あれは零戦には温度調整機能がないので上空で寒かったからです。気圧調整機能も付いていませんでした。

B29が高度一万メートルで飛んできて四千メートル、五千メートルの高度から爆弾を落とす、それを迎え撃つために、私の田舎の福岡で、震電《しんでん》という新しい戦闘機が開発されました。プロペラを機体の真後ろに付けて推進力を上げたもので、高度一万メートルまで十分で上がり、前に四門積んでいる直径三十七ミリ機関砲で一気にB29を銃撃して放物線状におりてくるという作戦です。

これは試作機の段階までは成功しましたが、八月十五日に間に合わず、アメリカ軍に試作機が一機没収されて、いまスミソニアン博物館の倉庫にあります。それを取材しようとしてテレビ局の人たちと一緒に行って交渉しましたが、見せてもらえませんでした。アメリカはこの手の取材に非常にやかましいのです。

◎——信長が堺と草津の代官になりたがった理由

日本の戦国時代に話を戻します。永禄十一年（一五六八）九月、織田信長が足利義昭を奉じて上洛を果たしました。そのとき義昭は信長を「御父《おんちち》」と呼んで「手柄に報いるために副将軍か管領になってくれ」と言うのですが、信長は「そんなものは要らない、その代わりに堺と草津（滋賀県）に代官を置く権利をくれ」と言います。

堺は南蛮貿易の中心地ですから、海外貿易品が輸入できます。草津は琵琶湖水運の拠点ですから、琵琶湖の流通を押さえることができます。琵琶湖の流通というのは単にあの湖だけの話ではありません。日本海航路の荷物は、敦賀から琵琶湖の北の塩津《しおつ》に入ってきます。太平洋航路の荷物は、伊勢湾で荷揚げして中山道まで川船で上がり、今の米原辺りで琵琶湖の流通にのせます。琵琶湖は、太平洋と日本海と瀬戸内海の海運を結ぶ流通の拠点なのです。「近江を制する者は天下を制する」といわれたのは、そのためです。

そして当時、大航海時代の真っ只中で日本にやって来たスペインやポルトガル、遅れて来たオランダやイギリスの主なる目的は植民地化と貿易獲得でした。そういう国とどうつきあうかという問題に、信長も秀吉も家康も直面していました。だから彼らが取った政策、たとえば信長はなぜあれだけ天下統一を急いだのかということは、そのことを抜きにしては理解できません。

しかもそうでありながら、軍事物資を海外に依存していました。そういう状況は戦前の日本と非常に似ていると思います。貿易ルートを確保した大名だけが、戦国時代の戦いに勝ち残れるのです。ですから上杉謙信や武田信玄、あるいは伊達政宗、北条氏康といった東日本の大名たちが、どうやって西から来る火薬と鉛と軟鋼と真鍮を手に入れたかというのは、戦国時代史を解く重要な鍵です。

こういう時代ですから当然、商人と流通業者が一番活躍します。現代と同じことです。ところが江戸時代の史観は、士農工商の身分差別史観ですから、商人や流通業者の活躍を歴史からほとんど抹殺しているのです。どうやって海外との交易をやっていたのか、だれが運んでいたのか、外交ルートはどうなっていたのかという視点が、鎖国と身分差別的な史観が相まって抜け落ちています。

ところが信長、秀吉、家康の時代に、一番儲けていたのは商人と流通業者なのです。その代表といわれるのが、南蛮貿易が盛んだった堺の納屋《なや》衆です。納屋というのは倉庫のことですが、交易が盛んになるにつれて、貸し倉庫業者が金融業にも廻船業にも乗り出していき一大商社をつくる、これが納屋衆とか会合《えごう》衆とかいわれている人たちです。

彼らの経済力はものすごいものがありました。信長がいち早く堺に代官を置く権利を要求したのは、彼らに課税する権利も一緒についてくるからです。信長はさっそく矢銭《やせん》二万貫を要求しました。矢銭というのは軍事費です。「自分が将軍を担いで天下統一を進めているのだから、軍事協力費を出しなさい」ということです。銭一貫文が金一両、現在の価格にすると八万円～十万円だといわれていますから、二万貫というとだいたい十六億円～二十億円です。

それだけ出しても平気なくらい納屋衆にはカネがありました。その代表的なのが茶人としても有名な津田宗及《そうぎゅう》や今井宗久、油屋《あぶらや》肩衝《かたつき》という茶入《ちゃいれ》で有名な油屋、紅屋《べにや》などでした。

◎——家康とカルバリン砲

それでは、そういう海外との関係の視点を取り入れて家康の事績を見たならどうなるか。

たとえば一六〇〇年九月の関ヶ原の戦い、石田三成の西軍と家康の東軍が戦ったわけですが、この勝負を決したのは何だったのでしょうか。一般的には松尾山《まつおやま》の小早川秀秋が裏切ったために西軍は総崩れになったといわれています。それはそのとおりですが、それ以前に、西軍と東軍はどこから火薬と鉛、あるいは鉄砲を仕入れていたのかという問題があります。この謎を解く手がかりとなる一つの事件が関ヶ原の半年前に起こっています。オランダ船リーフデ号が大分県の臼杵《うすき》に入港したのです。一般的には「漂着」と言われています。すると家康はいち早くリーフデ号を瀬戸内海を通って堺に廻航させて、そこで積み荷を没収し、船は紀伊半島を通って関東の浦賀に廻航させます。浦賀でなんとか修理しようとしましたが、破損がひどくて修理できませんでした。

問題なのは、まだ豊臣政権の大老の一人でしかなかった家康が、なぜリーフデ号をいち早く接収して、積み荷も没収して、船を自分の領国に運ぶことができたかということです。この積み荷がすごいのです。一説によると大砲を十八門、鉄砲を五百挺、火薬を五千ポンド（二二七〇キロ）積んでいたといいます。それらを家康は全部自分のものにしたのです。また、乗っていた航海士二人、イギリス人のウィリアム・アダムスとオランダ人のヤン・ヨーステンを自分の外交顧問にしています。

記録によれば、この積み荷の代金として五万レアル、現在の価値に換算してどれぐらいかわかりませんが、それだけ払ったといわれています。しかもリーフデ号はアムステルダムから一隻だけでやって来たのではなく、五隻で船団を組み、当時世界の海を征圧していたスペイン・ポルトガルに見つからないように航海していました。ところが名にし負う難所の南米大陸南端マゼラン海峡を通過するときに船団は散り散りばらばらになって、そのうちの一隻だけが日本にたどり着き、一隻はアムステルダムに戻り、残り三隻は沈没したそうです。こういうことを考えると、家康は関ヶ原の戦いに備えて、オランダから鉄砲や弾薬を買い付けようとした、あれは商取引だったろうと思っています。

一方の西軍は、スペインやポルトガルの影響下にあります。実をいえば秀吉のキリシタン追放令後も、豊臣家はイエズス会との関係を続けました。大坂城下には教会がいくつもあって宣教師たちが出入りしていたという記録がありますので、大坂方はスペイン・ポルトガルと親密な関係にあったのです。一方の家康はオランダ・イギリスとつきあう道を選んでいきます。それは軍事物資を手に入れるため、のちの貿易路を開くためだったと思います。

関ヶ原の戦いのとき、松尾山の小早川秀秋がなかなか旗色を鮮明にしないので、家康が「鉄砲を撃ちかけろ」と言ったという有名な話があります。ところが、現地に行ってみると、徳川軍が陣を敷いていたところから、少々前に出たとしても松尾山までとても普通の鉄砲では届く距離ではありません。たとえ二、三十挺の鉄砲で一斉に撃ちかけても、おそらく戦場の喧騒のなかでは聞こえなかったでしょう。

ところが歴史書にあるように、松尾山への銃撃が事実で、それをきっかけとして小早川秀秋が東軍に寝返ったのだとしたら、リーフデ号が積んできた最新鋭の五百挺の銃は、一キロぐらいは楽々跳ぶような新型兵器ではなかったのでしょうか。そんな最新鋭の銃を持っていることに小早川勢は驚愕して「これはもう家康の勝ちだ」と思ったのではないか。そう考えないとなかなか、このことが合理的に理解できません。

もう一つ、おもしろい例があります。大坂冬の陣のときのことです。大坂城は堀の深さ五メートル、その上に建てた総構えが十メートル近くあり、十五メートルの壁が徳川軍の前に立ちはだかっているようなものです。それで上から鉄砲を狙い撃ちされればなかなか攻め切れません。冬のことですから、暖房も寝るところもない状況では、兵士がどんどん体力を消耗してしまい、長い包囲戦はできません。実際、徳川軍は窮地に陥りました。

かつて宇喜多秀家の屋敷があった淀川の備前島《びぜんじま》からだと、大坂城の天守閣まで五百メートルぐらいしか離れていません。徳川軍はその備前島を占領して、大砲を撃ちかけました。その大砲は大坂城の壁を崩し淀殿の侍女のなかに圧死者が出て、淀殿が恐慌をきたして家康方と和平交渉を始めたといわれています。

このとき使われた大砲は何だったのか、というのを、「世界へGO!」というNHKの番組の「徳川家康×エリザベス1世」の回でやっていました。

家康とエリザベス一世はほぼ同じ時代を生きた人です。一五八八年、当時世界で一番強いといわれたスペインの無敵艦隊を、ドレイク船長率いるイギリス海軍がドーバー海峡で打ち破り、そこからスペインの凋落とイギリスの世界帝国への道が始まりました。それを演出したのがエリザベス一世です。そのエリザベス一世と家康とに接点があるという話で、その接点とは大砲でした。

イギリス海軍がなぜ無敵艦隊に勝てたか。イギリスのグラスゴー辺りは鉄の産地で、大量に大砲をつくりました。その最大級のものがカルバリン砲です。長さ三・三五メートル、口径一四センチ、ボーリングの球よりちょっと小さめの八キロの砲弾を跳ばすことができます。

番組では、ロンドンのフォート・ネルソン王立武器庫に保存してあった当時のカルバリン砲の威力を実験しました。五百メートル先まで一・七秒で跳ぶのです。しかも四十センチぐらいのコンクリートの壁を楽々貫通します。そのカルバリン砲を装備していたから、イギリス海軍は無敵艦隊に勝つことができたのです。

家康が備前島に据えたのも、このカルバリン砲だというのです。二門だったそうですが、これをどうして家康が手に入れたかというと、先ほどのリーフデ号に乗っていたウィリアム・アダムスがイギリスと交渉して入手したのでしょう。彼はいわば商社マンなのです。それで備前島から大坂城に向かって撃ちかけました。そうしたらこれはもう守りようがありません。そこで、和議を結ばざるをえませんでした。

「狸おやじ」史観では、狡猾な家康が、か弱い淀殿を大砲で脅して、和平工作を持ちかけ、いいように丸め込んだ、みたいな解釈をされますが、それはまったく間違いです。やはり技術力と経済力です。

◎——大坂城はキリシタンの最後の砦だった

家康は本当は、豊臣家が江戸幕府の体制に従うならなんとか共存する道を模索していました。これは大坂の陣の直前までいろいろな条件を出していることからも明らかですが、それを大坂方は頑として受け入れませんでした。これはなぜだろう、という疑問があります。

手がかりが一つ、あります。東京・小石川の伝通院《でんづういん》に千姫の墓があります。その横には家康のお母さん於大《おだい》の方の墓所があり、寺の名前はその諡《おくりな》にちなみます。ある書物に、千姫の墓に「戒名に隠したかたちで十字架が切ってある」とあるのを読んで、本当かなと思って行ってみました。戒名の最後は「大禅 定尼《だいぜんじょうに》」ですが、その禅という字の示《しめす》偏と単という字のあいだに明確に十字架が切ってあります。大という字の上のほうにも十字架が切ってあります。

隠れキリシタンたちは幕府の目を逃れるために、墓にひそかにマリア観音や十字を彫りましたが、それを陰符《いんぷ》といいます。だから千姫はキリシタンだったろうという説がありますし、現にそれは陰符としか思えません。

千姫がキリシタンだったとすると、秀頼も淀殿もそれを許していたということです。当時は夫や父の許しなくキリシタンになれなかったと思います。そう考えると、大坂城全体が、幕府の迫害から逃れてきたキリシタンたちの最後の砦になったと考えても不思議ではありません。だから秀頼も淀殿も、降伏したくても周りの圧力でできなかったのでしょう。

ＮＨＫ大河ドラマ「真田丸」の真田信繁もキリシタンだったという史料があります。『十六・七世紀イエズス会日本報告集』の大坂夏の陣の箇所に「後藤又兵衛軍が劣勢に立たされたのを見た真田フランコが明石掃部《かもん》とともに新たな攻撃を仕掛けていなければ、又兵衛軍は打ち負かされてしまっていたであろう」ということが書かれています。明石掃部（ジョアン）も熱心なキリシタンです。又兵衛も黒田如水の愛弟子ですからキリシタンで、黒田家にいられなくなったのは、棄教を迫られたけれども応じなかったからだと思っています。

秀頼が徳川家と戦うといって兵を募ると、二週間ぐらいで十万の軍勢が集まった、こんなことがなぜ可能だったのか。しかもなぜ彼らは軍備まで整えて入ってきたのか。これは、キリシタンたちがその日が来るのを見越して準備していたからとしか考えられません。

ここにキリシタンの布教の秘密があります。イエズス会の規則では、洗礼子《ご》は洗礼親に実の親以上に忠実でなければなりません。洗礼親のことをゴッドファーザーといいますが、映画『ゴッドファーザー』では、マフィアたちはゴッドファーザーとゴッドサンの宗教の掟で固く結ばれていて、「お前はあそこに行って死んで来い」と言われれば、「はい」と言って、鉄砲玉にならなくてはいけません。そういう強固な組織があって、トップから末までのヒエラルキー、命令系統ができているわけです。

日本のキリシタンたちにとって、トップはイエズス会の宣教師でした。だからイエズス会の宣教師が「動け」と言ったら、喜んで一斉に動いたと思います。そしておそらく軍事的な支援をスペインから受けていました（そのころポルトガルはスペインに併合されていました）。

大坂の陣は、カソリック教国対オランダ・イギリスのプロテスタント教国の戦いでもあり、大坂方が結局敗れてしまいました。この近くの加西市にはキリシタン地蔵やキリシタン墓といわれるものが多く残っているそうですね。千姫が姫路城の本多忠刻《ただとき》に嫁いできたとき化粧料十万石をもらいますが、加西市が千姫の化粧料の地だったそうです。ですから大坂の陣で散り散りになった人たちが千姫を頼って逃げてきたというようなことがあるのだそうです。

そういう表の歴史にはなかなか現れてこない人間の営みがたくさんあります。それを江戸時代の記録は、公式見解に従って変えてしまっているのです。ですからわれわれは足で歩いて、そういうものを実際に見て、本当の歴史の姿はどうだったかと考えるところから始めなくてはいけないと思います。

賤ヶ岳七本槍の加古川城主・加須屋武則

多田 暢久

◎――加須屋真雄を知っていますか

加須屋武則、もしくは真雄といっても、知らないかたが多いかもしれません。ただ天正十一年（一五八三）、賤ヶ岳合戦における「七本槍」の活躍はご存知でしょう。その一人が加古川城主で、永禄五年（一五六二）生まれとされる武則です。

小学生の頃、カゴ直利という漫画家の『学習漫画　日本の歴史』八（集英社）を繰り返し読んでいました。その中に賤ヶ岳の戦いで槍を持った武士が「糟屋武則だ」と名乗っている場面があったのを覚えています。また、当時通っていた小学校区内の加古川市米田町船頭《ふなもと》には糟屋姓があり、クラスにも糟屋君がいました。のちに読んだ『増訂印南郡誌』（兵庫県印南郡役所発行）には、武則の弟で武政というのが「加古川に生れ長じて豊臣秀頼に仕ふ、大阪落城の後郷里に帰り加古川中洲の向島に移りて土地を開発す、即ち今の船頭村の始なり、武政の子孫は世々船頭村の荘屋となり川吏を命ぜられたりといふ」とあります。もしかしたら彼も、その子孫だったかもしれません。

ところが、武則の墓は東京中野の萬昌院《ばんしょういん》という曹洞宗のお寺にあるんですね。徳川幕府の旗本に糟屋という家がありました。その祖先につながるということで、菩提寺に建てられたようです。幕府が編纂した『寛政重修諸家譜』の糟屋家系図には「數政　或武則」とあり、數政の弟の相喜《すけよし》の家が幕府の旗本となったとしています。ただ、よくみると相喜は今川義元の家来と書いてありますし、數政・相喜兄弟の父忠安は関東の三浦で戦死しています。數政（武則）だけが加古川出身というのは不自然です。多分、これは旗本の糟屋家が、苗字が一緒なので自分は有名な七本槍の一族だと無理やり結びつけた結果でしょう。事実『寛政重修諸家譜』より前にできた『寛永諸家系図伝』には數政（武則）のことは出てきません。

それから「かすや」姓の漢字表記ですが、史料をみると加須屋のほか、賀須屋や糟屋、粕谷などが混在しています。かわったところでは「加須矢」というのもありました。ただ、主君の秀吉から武則へ宛てた文書で糟屋の表記は見られません。「加須屋」か「賀須屋」のどちらかで、使用時期の傾向としては、「賀」から「加」に変化するようです。公式な表記があるとすれば、この二つでしょう。しかし、一族と推定される与十郎への文書では糟屋を使っていますし（加須屋文書『兵庫県史』史料編中世九）、他の家臣宛の文書の中で武則を指す場合も糟屋を使用することもあるようです。このことは、最後にもう一度考えてみます。

加須屋武則については、御子孫とされる糟谷正勝さんというかたが、熱心に調べられて『播磨糟谷家の系譜』（みるめ書房）という本まで出されていますが、このように基礎的な事実でも十分に解明されていない。今回も多分に想像が混じりますが、私なりに彼の歴史上の役割を考えてみたいと思います。

さて、賤ヶ岳合戦は信長死後の織田政権の主導権をめぐり、滋賀県北部の賤ヶ岳を主戦場とした柴田勝家と秀吉との戦いです。これに勝利することにより秀吉の天下がほぼ定まりました。そのとき、秀吉配下として大活躍したのが「七本槍」です。

では、武則以外の七本槍全員を言えますか？　案外、言えないのではないでしょうか。実は決まっていないのです。『柴田退治記』という、秀吉が家来の大村由己《ゆうこ》に命じて書かせた記録には、賤ヶ岳の戦いで一番槍として活躍した者の名前は「福島市松正則、脇坂甚内安治、加藤孫六嘉明、加藤虎助清正、平野権平長泰、片桐助作直盛、糟屋助右衛門尉（加須屋武則）、櫻井左吉、石河《いしこ》兵助」の九人です。元々は七本槍ではなく、九本槍だったわけですね。それが、秀吉の死後に出た有名な『太閤記』をみると「賀藤虎助（加藤清正）、賀藤孫六郎（加藤嘉明）、福嶋市松、脇坂甚内、糟屋助右衛門尉、平野権平、片桐助作」と、そのなかの七人が七本鑓となっています。一方、『豊鑑《とよかがみ》』という、竹中半兵衛の息子が江戸時代に入って書いた秀吉の伝記では「加藤左馬助（嘉明）、同肥後守（清正）、糟屋内膳、平野遠江、脇坂中書、石川兵助、片桐市正」となっています。ほかに大阪城天守閣所蔵の「賤ヶ岳合戦図屏風」には、上のほうから櫻井左吉、片桐助作、糟谷助右衛門、加藤虎之助、平野権平、加藤孫六、脇坂甚内の活躍と、その下に討死する石河兵助が描かれ、少し離れて一番首を挙げて秀吉の下に戻る福島正則の後姿があります。

これら九人のうち、櫻井左吉は秀吉の弟の秀長の家来でした。石川兵助はこの戦いで戦死しています。そのために福島正則、脇坂安治、加藤嘉明、加藤清正、平野長泰、片桐且元、糟谷助右衛門（加須屋武則）を七本槍とする通説が生まれたようです。成り上がり者の秀吉には譜代の家来がいません。全員、秀吉自身が新しく集めた若者でした。福島や加藤、平野は秀吉と同郷の尾張（愛知県）、脇坂安治と片桐且元は、秀吉が最初に城主になった長浜のある近江（滋賀県）出身です。そのなかで、武則だけが播磨から七本槍に入っています。播磨出身の秀吉の家臣といえば黒田官兵衛が有名ですが、武則もその一人であったわけです。

◎――加古川藩主か？　賀須屋助右衛門

加須屋武則に関する当時の史料はそんなに多く残っていません。主なものを順番に見ながら彼の経歴を確認していきたいと思います。

まず、内閣文庫に所蔵されている写しから。（太閤秀吉感状）「今度三七殿（織田信孝）依謀反〔中略〕秀吉於眼前合一番鑓、其働無比類候、為其褒美三千石宛行訖《あておこないおわんぬ》〔後略〕。天正十一六月五日　秀吉（花押）賀須屋助右衛門尉殿」

感状というのは戦いでの戦功を認めたもので、賤ヶ岳の戦いで武則が一番槍として活躍したので、褒美として三千石を与えると書いてあります。合戦は天正十一年（一五八三）の四月二十一日に始まり、二十四日に北ノ庄城が落城して柴田勝家は自害。五月二日になると勝家が信長の跡継ぎとして推した「三七殿」こと信長の三男信孝も秀吉により自害させられます。その後、六月二日に秀吉は信長の一周忌を執り行い、その実質的な後継者であることを示しました。そして六月五日にこの感状を出したわけです。

感状は七本（九本）槍の全員に出されたようで、武則以外にも加藤嘉明や加藤清正に、ほぼ同文で三千石を与えた同日付けのものが知られています。なお、戦死した石川は弟に一千石、福島正則だけは五千石もらっています。

この感状では、もらった三千石の場所は不明ですが、二カ月後の八月一日に秀吉から出された文書がのちに会津藩に仕えた加須屋家に伝わっており、そこに「播州賀古郡内弐千石、河州河内郡内千石、都合三千石事、目録別帋〔後略〕天正十一　八月朔日　秀吉（花押）　賀須屋助右衛門殿」（新編会津風土記所収加須屋文書『兵庫県史』史料編近世一）とあるので、播磨賀古郡（加古川市東部周辺）で二千石、河内（大阪府）で千石、合わせて三千石だったことがわかります。別紙の目録は残っていないので、賀古郡の二千石がどこの村かということまではわかりません。

加古川城跡（称名寺）

ただ、江戸時代の年貢で計算すると、加古川周辺では大きな村ならば三つから四つで二千石を超してしまいます。その前から加古川周辺で持っていた領地もあったでしょうが、そんなに多かったとは思われません。つまり天正十一年の段階の武則は、加古川城の城主であったとしても、加古川周辺の領地は村三つか四つ分ぐらいしかなかったことになります。ですから、領地といっても、普段は大坂の秀吉のもとにいて、給料みたいなかたちで三千石をもらっていたのでしょう。豊臣政権での武則の出発点は「加古川藩」といえるような状況ではなかったようです。

華々しくデビューした七人ですが、同じ石高から出発しながら経歴は大きく分かれていきます。たとえば、加藤嘉明は天正十四年十一月になると淡路の三原郡で一万二〇四五石、津名郡内で二九六〇石、合わせて一万五千石を秀吉からもらっています（近江水口加藤家文書『兵庫県史』史料編近世一）。脇坂安治も同年、やはり淡路津名郡で三万石与えられました（脇坂文書『兵庫県史』史料編近世一）。

それに対して武則はどうか。同じく会津に伝わった文書には「為加増、於播摩（磨）国六千石、目録別紙在之、本知四千石、合壱万石令扶助畢、〔中略〕今般御加増之儀者、先年於江北志津嶽、〔中略〕粉骨之儀被思召、為其御憾（感）如此也　文禄四　八月十七日　御朱印（秀吉）加須屋内膳正とのへ」（加須屋文書『兵庫県史』史料編中世九）というのがありました。彼も播磨で六千石を加増され、本知（元々の領地）の四千石と合わせて一万石になったようです。でも問題は日付です。文禄四年（一五九五）ですから賤ヶ岳の戦いから十二年もたっています。この文書によると、それまで持っていたのは四千石だけ。天正十一年からこのときに一万石になるまで、ほとんど領地は増えていないことになります。さらに驚くのは、加増の理由が賤ヶ岳での活躍とある。他に活躍はなかったのか、と突っ込んでしまいそうですね。

七本槍の片桐且元も同じような扱いでした。且元も同じ文禄四年八月十七日付で、賤ヶ岳での活躍を理由に五八〇〇石を増やし、本知の四二〇〇石と合わせてやっと一万石となっているのです（片桐文書『兵庫県史』史料編近世一）。

じつは、この一カ月ほど前に関白であった羽柴秀次が自害しています。加増は、その混乱収拾のためのもので、事件がなければ、四千石のままであった可能性も低くありません。

◎――太閤蔵入地の代官・加須屋内膳

では、加須屋武則は出世しそこねたのか。そこで領地の多寡とは別の面から見てみましょう。

「至大津可相届八木之事、先代官加須屋内膳、一、壱万弐千石　坂田郡八木　益庵（宗甫）手前分〔中略〕（天正二十年）二月六日　朱印（秀次）　観音寺（詮舜）」（堀越祐一『豊臣政権の権力構造』吉川弘文館）。これは、秀吉の甥で、秀吉に子どもが生まれるまでは跡継ぎとされていた羽柴秀次が滋賀県の観音寺に出した文書です。このとき近江の大半は関白になっていた秀次が支配していました。そこには蔵入地《くらいりち》といって、秀吉や秀次など政権が直接支配する直轄地もありました。八木《はちぼく》というのは米のことです。つまり坂田郡の蔵入地の年貢米一万二千石を、秀次が自分の代官の益庵に大津に届けるよう命じたものです。そして、その前の代官が加須屋内膳（武則）だったことがわかります。近江の蔵入地は秀吉から秀次に移行されたので、武則は秀吉直轄地時代の代官だったということでしょう。自分の領地は一万石ないのに、近江国では政権の一万二千石分を管理していたわけです。

また秀次家来の日記である『駒井日記』の文禄二年閏九月十三日条には「かすや（加須屋）

にもみきにて右衛門大夫（木下延俊）跡之内一万石御代官被仰付」とあって、武則が文禄二年（一五九三）に播磨の三木の周辺でも一万石の代官になったことがわかります。

これらのことから、文禄四年まで加須屋武則の領地は四千石しかないものの、一方で豊臣政権直轄地の代官を担当していたことがわかります。史料からわかるだけでも、近江では一万二千石、播磨でも三木周辺で一万石ありました。それ以外に大和の宇陀でも秀吉直轄地の代官であった可能性があります（『大和志料』）。このように、武則は自らの領地よりはるかに多い何万石という範囲を管轄する代官だったのです。

蔵入地は大名への加増の財源となるとともに、政権運営の財源でもあります。その代官は、蔵入地の年貢を集めるとともに地域の行政にもたずさわります。武則は大和宇陀では検地奉行も勤めていました。そう考えると領地は少ないけれど、政権から預かる職務権限は大きかったといえるかもしれません。また、代官としての取り分も存在したと考えられますので、大名と比べて実入りが少なかったとも断言できません。武則は、大名としての道を進まなかったものの、政権の中枢で活躍する官僚的な存在であった可能性もあるのです。

大名は、与えられた領地にあわせて軍役を果たすことを求められました。戦争のときや、秀吉による築城や京都大仏建立などの土木工事では、石高に合せた人員を連れて行かなければなりません。たとえば『太閤記』には、朝鮮半島への出兵に当たり四国・九州や畿内などの地域ごとに一万石につき何名の兵隊を連れてくるかの基準がでてきます。それだけの兵員を集めるためには、家臣を召抱えて領地を与えなくてはなりません。大名といえども、自由に使える分はそんなに多くはありませんでした。ただ、兵隊の食糧費も大名持ちだった戦国時代と違い、私的な戦争を禁じた秀吉政権においては、兵士に支給する食糧やその他の経費は豊臣家の蔵入地から渡す、というふうに変化しています。そのため、大名にも領地とは別に蔵入地が預けられています。さきにみた加藤嘉明も文禄三年二月二十日に朝鮮出兵の恩賞として、淡路の岩屋で一七〇〇石の領地をもらうとともに、六百一石五斗の蔵入地を預けられています（近江水口加藤家文書『兵庫県史』史料編近世一）。

そして、その厳密な管理も求められました。秀吉が一柳市介《ひとつやなぎいちすけ》に出した朱印状には「一加藤作内（光泰）事、……大柿之城（美濃国）を預ケおかせられ候事、……大柿之かなめ之城ニ二万貫、城廻にて被下、七千石之代官を被仰付候ハ……（天正十三年）九月三日」（『豊臣秀吉文書集成』二、吉川弘文館）とあります。二万貫というのは四万石ぐらいです。秀吉は家臣の加藤光泰《みつやす》を大垣城主とし、その周辺に四万石領地を与えていた。それとは別に七千石の代官も任せていたわけです。四万石で家来を雇って戦争のときには連れてこい、そして戦争時の必要経費は蔵入地の七千石から支出するようにということでしょう。ところが光泰は、代官分も自分の家臣に分け与えてしまい、秀吉に追放されてしまったのです。その経過を一柳市介に詳細に伝えているわけですが、これは領地も代官として預かる蔵入地も究極的には政権のものであることを示しています。光泰はすぐに復帰しますが、この事件はみせしめとしての意味が大きかったようです。

そう考えると、領地は大きいものの重い軍役を負担するのと、軍役負担が少なく多くの蔵入地を支配する代官のあいだの優劣をつけることは簡単には出来ません。

ただ、加藤光泰にしろ加藤嘉明にしろ大名の場合は代官として蔵入地も預かるわけですが、領地のほうが多い。その中には自分の城があり、藩として独立しているわけです。それに対して、代官という立場では、広範な地域の支配と行政を担当しますが、自分のものではない。先ほどの近江の例でいえば、秀吉から秀次の蔵入地に変わったときに代官を交代しなければならない。失政がなければ、一切の管理を任される大名の領地と。異動で替わってしまう代官の違いとも言えます。ただ、繰り返しますが、大名といえども国替えや軍役など石高に合せた負担を定められ、思うがままに出来るわけではありませんでした。

この違いは、中央集権か地方分権かということでしょう。つまり、国政に対する負担基準は決めるものの、大名に領地を与えてそこを任せてしまうのが地方分権。一方、異動があり、領域への私的な支配力は弱いものの、官僚として中央政権のなかで権限を振るえるような代官を基盤に運営していく支配が中央集権ということになります。

どちらかというと、秀吉による天下統一の指向は、中央集権のほうに比重がかかっていたように思われます。朝尾直弘氏の「豊臣政権論」という論文にある、杉原家次《いえつぐ》という秀吉家臣の、天正十一年八月一日の給知と代官蔵入地の配置図をみると、杉原は坂本城の城主でしたが、城の周りには秀吉の蔵入地が多い。一方、領地としてもらったのは城から離れたところに固まっている。つまり、一国一城の主として城に入っても、その周りに自分の領地はあまりない。秀吉政権下では、大名にとっては居城すら秀吉から預かって蔵入地を管理するためのものといった状況だったのです。

最近、有名になりました但馬の竹田城についても、城主の赤松広秀は小大名で、その領地と比べると城は、全国的に見ても規模・縄張り的に突出しており、立派すぎる。これについては、但馬と播磨を結ぶ重要地点に立地するので、秀吉が全国を支配するための軍事的な拠点として築いたとする指摘もされています（城郭談話会『但馬竹田城』）。広秀は城主というより、そこを預かっていただけといえるかもしれません。

豊臣政権では、そのように大名に地域支配を任せる分権的な方向と、中央に権力を集中する二方向がせめぎあっていた。そのことが七本槍の面々の経歴を、大きく二つに分けていったのではないかと思います。加須屋武則の領地が清正や正則のように増えなかったことは、むしろ政権中枢に関わり、その中央集権的な方向を担っていたことを示すのかもしれません。

◎——軍事力の基盤としての知行

豊臣政権がもし、このような方向に進み続けていれば、明治政府を待たずに日本も藩によって構成される封建制ではなく、郡県制になっていたかもしれません。しかし、実際にはそうはなりませんでした。集権化を進めていくうえで障害となったのが、軍事力に関わる矛盾です。

当時の軍事力の構成を見ることのできる史料に「小牧長久手陣立書《じんだてしょ》」があります。小牧長久手の戦いは天正十二年（一五八四）に起きた、秀吉と徳川家康の戦いです。陣立書というのは、秀吉が家来に兵隊をどれぐらい連れて来いとか、だれを最前線に配置するのか、後方で秀吉の護衛に当たるのは誰か、そういうことを示したものです。計画段階のものも含めて複数が残っていますが、今回は秀吉の家臣で、子孫が広島藩主となった浅野長政の家に伝わるものを見てみましょう。

大きく「ひがしの備」と「にしの備」があり、その後ろに秀吉のいる本陣が書かれています。ひがしでは、最前線に木村隼人（千五百人）や加藤作内（一千人）、神子田半左衛門（六百人）など兵士千人前後を引き連れた秀吉の家来がおり、その次の二番目に長岡（細川）越中守（二千人）や高山右近（一千人）、さらにその後ろには金森五郎八（二千人）や丹羽長秀（三千人）

など、秀吉にとっては外様ですが規模の大きな大名を配置しています。皆さんよくご存じの黒田官兵衛（五百五十人）は西の最前線で、同じところには播磨出身の明石与四郎（五百人）、置塩城（夢前町）主の赤松氏（五百人）などがかためられています。それに対して加須屋武則がどうかというと、連れてくるのは百五十人で秀吉の目の前になっています。横には、加藤嘉明や加藤清正もおり、率いるのは同じく百五十人。この三人は、七本槍として同じ三千石をもらっていますから、率いる家来も同じ百五十人となる。ひとり五千石を与えられた福島正則はやや多く三百人を連れていますが、秀吉背後の守備が割り振られています。結局、領地の少ない彼らでは、最前線で敵と激突することはできない。秀吉の護衛のような後方任務が与えられたわけです。

ところが、八年後に朝鮮半島に秀吉軍が攻めていったときには『太閤記』によると、徳川家康が一万五千人で突出していますが、加藤清正も八千人、福島正則は五千人連れてきています。それに対して加須屋武則や片桐且元は二百人。小牧長久手のときからほとんど増えていない、つまり領地が増えないと、率いる軍勢もやはり少ない。

『太閤記』に載っている、石高に対して引率を求められる兵隊の数は、一万石に対して四国・九州は六百人、中国・紀州辺は五百人、畿内は四百人、近江・尾張・美濃・伊勢は三百五十人となっています。武則の領地は加古川から大坂辺りなので「中国紀州辺」ですね。文禄四年に一万石になるまでは四千石でしたから、二百人連れて行ったというのは計算が合います。

従って、出兵における役割も異なってきます。最初、加藤清正や宇喜多秀家らはどんどん進軍して半島北部まで占領してしまいます。そして、占領地を領地として支配しようとする計画を立てた。ところが、そこに秀吉から手紙が届きます。そこには、朝鮮を占領したら清正ら最前線の武将は、どんどん明（中国）へ攻めて行きなさいとあった。あとの支配は加須屋武則や片桐且元、そのほか大田一吉や新庄直定などを代官として送り込むとある（立花文書）。つまり秀吉の構想では朝鮮を大名の領地として分配するのではなく、政権の直轄地とするつもりだったようです。そして、その年貢のなかから、半分は最前線で戦う武士たちに兵糧として渡し、残り半分は将来の兵糧として蔵に納めさせるともいっています。武則は前線ではなく、このような後方での行政などに主に係わっていたようです。その他、武則と片桐且元は河川を渡る小舟の準備などの後方支援も担当しています（『慶元古文書』）。

◎——封建制と官僚制、地方分権と中央集権

もちろん、加須屋武則も全く戦わなかったわけではありません。半島南西部では晋州城攻めに加わっています。ただ、主力は三千人以上の軍勢を引き連れた細川忠興等の大名で、武則は

その他大勢を合せた「寄合組」の一人でした。

机上の計算では、武則と同じく所領四千石の武将でも百人集めれば、四十万石の大名一人が連れて来る兵の数は一緒です。しかし、もし実際に両者が戦えば大名のほうが強いでしょう。ここに秀吉政権が進める中央集権の方向性がつまずく要因がありました。

中央集権的な方向とは、まず全国を検地して石高を決める。そうなれば、近畿で二万石をもらっていた人が九州の二万石へ移されても、建前上は同じだということになります。城も秀吉が全国を支配する計画のもとに築城して大名の居城として与える。領地替えで移ってしまえば、精魂こめた城や領地とも関係がなくなります。もちろん、その地域の農民や商人との関係も切れてしまう。そうなると、蔵入地の代官が異動で替わるのと余り変わらない仕組みともいえます。

しかし、軍隊だけはそうはいきませんでした。武士だけは、あくまでも主君に従って行動します。加藤清正が国替えになれば、家臣は一緒についていく。主君との結びつきは強い。そういう家来を多く抱えているのは石高の大きな大名なわけです。百人とか二百人ずつの家臣をちまちま連れた一万人よりも、一人の大名のために命を投げ出す一万人連れてくるほうが強い。そうなると、そこがネックとなって中央集権的な動きは貫徹できない。

やっと一万石になったものの、加須屋武則は関ヶ原の戦いで西軍の石田三成に付いたので、江戸時代まで大名として生き残れませんでした。これを播磨の反骨精神で、豊臣家のために殉じたように思う人もいるかもしれませんが、そういう話ではないでしょう。この時期、国のあり方として、中央集権的な方向と、地方分権的（いわゆる封建制的）な方向の二つの方向があった。秀吉は中央集権的な方向を目指していたし、官僚のトップである石田三成もそちらを目指した。しかし加藤清正たちは、すでに何十万石かの領地をもらっており、家来も召抱えている。そうなると「自分の領地」「自分の家来」という気持ちが働きます。代官みたいに異動があればどこへでも行きますよ、というわけにはいかない。結局、その段階で自分の領地を基本的に認めるというのを打ち出したのが家康だったわけです。武則からしてみると、それは自らの立場を否定するものといえる。そのなかで関ヶ原の戦いでは西軍につかざるをえなくなったのではないでしょうか。その差を個人的な資質で説明することは出来ません。

関ヶ原の戦いについては、よく武功派と吏僚派の対立と言われることがあります。家康についたのは加藤清正とか福島正則とか武功派、つまり戦争で領地を勝ち取っていく武将的な人。それに対して官僚的なタイプの石田三成に付いたのが吏僚派といわれます。

でも加藤清正も肥後を領地として統治する場合は行政的なこともしていたはずです。彼も、ある段階までは、加須屋武則と同じように官僚的な仕事を主にしていたといわれています。ただ、肥後を治めるにあたり、前任の佐々成政《さっさなりまさ》が失政で反乱を招いて切腹させられてしまいます。

そのために清正に二十万石がまわってきた。つまり清正も最初は職務命令として熊本に行った。しかし、大名としての仕事を行ううちに、家臣を雇って戦争を進めないといけないという立場になっていったのです。

その分かれ目は非常に微妙なところでした。石田三成なども行政マン的なイメージが強く、武将とは余り思われていないかもしれませんが、一柳家の記録をみると、賤ヶ岳の戦いでは七本槍だけでなく、大谷吉継《おおたによしつぐ》や石田三成も槍で活躍したと書かれています。

結局、政権内で仕事を分担し、その与えられた役割をこなしていくうちに思考や政治的な立場も決まってしまうということでしょう。

大坂の陣が終わったあと徳川幕府は戦争の停止を宣言しました。有名な「元和偃武《げんなえんぶ》」です。これも、家康が平和を望んでいたというわけではありません。戦争を続けるかぎり多くの兵を連れた大きな大名が軍事力としては必要になる。しかし、彼らは一気に強敵にもなり得ます。これが封建制の抱える矛盾点でした。最終的にその解決は、文官と武官の分離と兵士と指揮官の私的つながりを断ち切った近代的なシステムを採用する必要があります。しかし、そこまで出来ないために現状凍結しようとしたのです。

秀吉も、切り替えることはできなかったわけですが、それは、そのための条件が整っていなかったからといえます。同じ一万人の兵士であれば東北でも関東でもみな同じ強さということはありえません。個人の技量にも差があります。小銃などの火気の発達と、その大量動員が進み、個人的な武技の差が縮まらないうちは、勇敢な武士をたくさん召し抱えている大名が強い。勇敢な武士をたくさん召し抱えるには多くの領地が必要なので、政権が軍事力を高めようとすれば大名を大きくせざるを得ない。それを押さえるためには、強い軍隊が必要という堂々めぐりになってしまったのではないでしょうか。

◎——加須屋家誕生の背景

七本槍に戻ります。主なメンバーは尾張や美濃もしくは近江出身でした。そのなかで、加須屋武則だけが播磨から入っています。

秀吉と加須屋氏のつながりは天正六年（一五七八）から。秀吉が信長から播磨に派遣された時にはじまります。岡山の池田家に伝わった『信長記』には「嘉（加）古川之賀須屋城を借取」（『姫路市史』八、史料編）、秀吉はその軍勢を加古川城へ入れたとあります。そのあと別所長《なが》治《はる》が信長に反旗を翻して、秀吉の播州攻めになるわけです。このときに武則は秀吉の小姓となったとされます。

別所長治が反旗を翻したとき、播磨の多くの武将が三木の別所方、その背後にある毛利に付いたとされます。その中で、武則は黒田官兵衛などともに織田方に残りました。その理由はよくわからないのですが、ただ因幡の加須屋家にこんな文書が伝わっています。

景隆・秋良連署領知安堵状写というもので「糟屋家之義（儀）申付訖〔後略〕永禄十三年正月廿二日　秋良（花押）　景隆（花押）　糟屋弥三郎殿」（『兵庫県史』史料編中世九）とあります。天正六年より八年前の永禄十三年（一五七〇）に景隆と秋良という二人が糟屋弥三郎という人物に知行などのことを含めて糟屋家のことを命じた内容です。命じた二人も糟屋弥三郎も詳細は不明ですし、糟屋家之儀の内容もよくわかりません。偽文書ではないかとの指摘もあるので、係わらないほうが安全なのかもしれませんが、少しばかり想像をめぐらせてみます。

播磨にとって、その一年前の永禄十二年は大変な年でした。八月十九日付で日乗《にちじょう》という僧が毛利に連絡した手紙が残っていますが、足利義昭の命で信長と義昭の軍が播磨に攻め込んだ。高砂城や大塩城、庄山城など五カ所が落城し、守護赤松氏の本城である置塩城や小寺氏の御着城も陥落寸前であると伝えています。なぜこんなことになったかというと、置塩城にいた守護の赤松義祐と、龍野城を本城とする分家の赤松政秀が対立し、龍野側に義昭が味方したのです。結局、足利・織田軍の攻略は成功しないのですが、『細川両家記』によれば、同じ年の十月にも再び龍野の赤松と協力して、義昭の家来である池田衆や伊丹衆が播磨に攻め込んでいます。この時も足利軍が撤退することになりますが、攻め込んできたなかに和田惟政《これまさ》という武将がいました。元々は近江出身で、義昭が将軍になる前から従って将軍になるために尽力した人物です。その褒美として摂津国の一部を統治する地位を与えられていました。

惟政は永禄十年に、浅井長政と織田信長の縁組の調整内容を六角氏の家臣に伝えた手紙を出していますが、そのなかに惟政の使いとして山岡景隆が出てきます。景隆といえば、本能寺の変後に瀬田川の橋を焼き落とし、明智光秀が安土城に行くのを遅らせたという話が有名ですが、永禄十年頃には足利義昭の家来として和田惟政に属していた可能性がある。さらに、系図によれば、景隆は和田惟政の孫ということになっています。

これらの話を結びつけますと、永禄十二年に足利軍が播磨に侵攻したとき、山岡景隆が和田惟政に従ってきた可能性は低くない。

ここで、先ほどの安堵状写に戻りますと差出人の一人が景隆という名前ですね。この文書は花押も写してあるので、山岡景隆のものと比較できればいいのですが、残念ながら探し出せませんでした。ですから、決め手に欠けますが山岡景隆の可能性はある。もう一人の秋良はまだ不明ですが、将軍になる永禄十一年以前、義昭は「義秋」と名乗っており、家臣の名前に「秋」の字を与えたりしています。秋良という人物も義昭の家来の可能性はあるでしょう。

糟屋弥三郎はどうも、足利軍の侵攻に際し、播磨の中からいち早く足利軍、もしくは織田軍に付いたのではないでしょうか。ただ、作戦は失敗して足利軍は撤退してしまう。そのなかで、景隆と秋良が弥三郎に対して「味方して活躍したことは忘れないぞ」という意味で、でこの文書を出したという想像が湧いてきます。

さらに、この弥三郎は元々は糟屋家の人ではなかった可能性もあります。先ほどの因幡に伝わる「加須屋文書」をみると、これより古い文書は基本的に梶原氏宛ばかりです。梶原氏は高砂城の城主として知られていますが、これはその一族の人物に宛てたもののようです。空想を重ねてしまいますが、高砂城の梶原一族の人物が、いちはやく外部勢力に乗り換えて表舞台に出ようとした。ところが、取り残されてしまった。そういうこともあり、梶原のままではおれないだろうからということで、家柄としては立派だけど室町から戦国時代には逼塞してよくわからなくなった糟屋という名跡《みょうせき》の継承をこの文書で認めたのではないかと想像しています。

天正六年の播磨で反織田の動きに乗らず秀吉に従ったのも、そういう経緯があれば理解しやすくなるように思います。加須屋家については、加古川城主とし鎌倉時代から代々続いてきたといわれてきましたが、実際は一種の新興勢力だったのかもしれません。

それならば、伝統的な糟屋ではなく、加須屋という漢字表記もあえて採用したのかもしれません。この時代、姓の表記は当て字が多く、こだわる必要は余りありません。しかし、森脇崇文氏は、五大老の宇喜多氏においても本家と一族や家臣で宇喜多と浮田を使い分けたと指摘されていますので、加須屋についても今後の課題としたいと思います。

◎――可能性としての絶対政権・豊臣の官僚として星をつかみそこねる男

加須屋武則の領地は一万石まででした。関ヶ原合戦の敗戦で大名として生き残ることも出来ませんでした。しかし、豊臣政権が継続して絶対王政のようになっていれば、むしろ歴史の主流派として名を残したかもしれません。彼の主観的な意図はともかく、立場としては幕藩体制とは異なる近世を指向していたように思われます。その意味で、「星をつかみそこねる男」であったとしても、歴史の多様な可能性を垣間見せてくれる存在といえるでしょう。

なお、播磨から大名への道を歩んだ黒田官兵衛については、以前に神戸新聞総合出版センターから出ました『播磨が生んだ戦国の智将 黒田官兵衛』の中でご説明しました。機会があればご参照ください。

〝西国の将軍〟姫路城主・池田輝政

伊藤 康晴

◎――はじめに

池田輝政(1)は永禄七年（一五六四）十二月晦日、池田恒興《つねおき》の次男として尾張国清州城に生まれています（十一月晦日という説もある）。父恒興（勝三郎・勝入）は、織田信長の家臣として歴戦する武将であり(2)、母は荒尾美作守善次の娘でのち善応院と称される人物です。荒尾氏はのちに鳥取藩の家老になる家筋です。

幼名は古新、のちに幸新とし、その後三左衛門と称しました。天正元年（一五七三）九月、信長は父恒興に宛てた「天下布武」の朱印状で幼少十歳の輝政に知行地を与えています。「木田小太郎跡職の事、由緒によりその方の息、古新ニ譲与」するとあります（岡山大学付属図書館「池田家文庫」所蔵）。織田氏のもとで成長を遂げる池田父子を象徴する所領安堵と言えそうです。

輝政が誕生して成長するまで、永禄期後半から天正期にかけての池田家は、すでに権勢をふるっていた織田信長配下の武将として重要な位置にありましたが、恒興の次男である輝政が表舞台に立つには相応の経緯があってのことです。まずその背景について紐解きます。

◎――輝政以前の池田家

池田輝政の遠祖、戦国期以前の系譜についてはすでに同じシリーズで扱っていることから、(3)ここでは輝政の祖父母の代までさかのぼります。

祖父恒利（養源院）は三十歳という若さで死去しています。恒利に関する事跡はあまり多くの事が伝えられていませんが、第十二代足利将軍「萬松院義晴」に奉公したと伝えられ、後に剃髪して宗伝と号したといいます（寛永諸家系図伝）。墓石は現在の岐阜県揖斐郡池田町本郷の養源院跡地にあります。当寺院跡地は戦国期以前の池田氏の菩提寺である龍徳寺《りょうとくじ》に隣接しています。養源院という院号からもわかるように恒利ゆかりの寺院と考えられていますが、関ヶ原の戦いで焼失して以来再建されなかったといわれています。池田家が織田家に召し抱えられて家名をなしたのは、恒利の夫人で若くして未亡人となった養徳院という女性が、当時尾張国の守護代であった織田信秀に仕え、その子信長の乳母となったことが一つの契機になっています。

養徳院は信長から「大おち様」（大御乳様）と後々まで敬われ、幼少期に信長の遊び相手として抜擢された恒興（輝政父）の出世に大きな影響をあたえた女性です。寛政期に岡山藩士斉藤一興が池田氏歴代の事跡を記した「池田家履歴略記」（以下「履歴略記」と略す）は、幼少の信長（吉法師）が「乳母の乳房を噛みやぶるので、度々乳母を替えるも、養徳院が付くと噛まなくなった」とするエピソードを伝えています。岡山大学付属図書館「池田家文庫」には元亀四年（一五七三）に信長が養徳院に直接所領を与えた領知宛行状（「天下布武」の朱印状）が残されています（五郎丸村百五十貫文）。その文書の宛名も「大御ち」となっています。養徳院は信長没後も軽んじられることなく、信長次男の信雄からも所領が与えられているばかりでなく（天正十一年）、豊臣秀吉・徳川家康からも厚遇されたことを示す書状類が「池田家文庫」には数々残さています。[4]

父恒興は信長といわば乳兄弟として成長し、天文十四年（一五四五）十歳の時には信長の父信秀の小姓になっています。元服したのちも同様に織田家に仕え、信秀亡き後の信長に臣従・歴戦し、その後も姉川の戦い、長篠の戦いなどに戦功をあげています。信長は天正八年（一五八〇）の摂津花隈城攻めを前に、「小身」である恒興の部隊に五人の与力を付けています（『信長公記』）。恒興一統の家臣団は、この頃より次第に大きくなったと考えられます。恒興は長男元助[5]と、初陣となる一七歳の次男輝政を率いて荒木村重攻略に臨んでいます。輝政は父恒興に従い諏訪か嶺に陣を構え、三須五郎太夫と格闘したことが伝えられています（「履歴略記」）。

天正十年（一五八二）六月二日、主君信長が本能寺に倒れたことは池田家にとって大きな衝撃であったと思います。以後、恒興は剃髪して「勝入」と号しました。恒興（勝入）は羽柴秀吉に従い、羽柴秀長・高山右近らと明智光秀追討（山崎の戦い）の先鋒に列しています。恒興隊は斎藤利三の兵を追討したといわれています。直後の六月二十七日のいわゆる「清須会議」では信長後継政権の四宿老に列したと言われています。同年十月十五日に秀吉が挙行した京都大徳寺における信長の葬礼では、輝政が信長の四男秀勝（秀吉養子）と共に棺をかついだと伝えられており、信長亡きあとも織田家と池田家の関係性を確認することができます。

同十一年に秀吉が近江国賤ヶ岳に柴田勝家を滅ぼすと、池田家は秀吉の命により摂津国から先祖の地である美濃国に所領替えとなり、恒興は大垣城主、嫡男元助は岐阜城主、次男輝政は池尻城主となり美濃国の要衝を守備しました。

このように羽柴秀吉の有力家臣となった池田父子でしたが、直後の小牧長久手の戦いは、池田家を存続の危機に陥れるものとなりました。

池田輝政画像（書写山圓教寺所蔵）

◎——小牧長久手の戦い

小牧長久手の戦いは、池田輝政の前史として大きな画期をもたらした戦さでした。天正十二年三月、信長次男の信雄と徳川家康の連合軍と、池田隊などを率いた秀吉軍が尾張北部で交戦状態となります。秀吉配下でありながら織田家の由緒をもつ池田隊は当初どちらに味方するか重臣の間で意見が分かれたといいます。土倉四郎兵衛と片桐半右衛門は「天下の大名がみな秀吉に味方しても当家は礼儀を重んじて織田殿の筋目を忘れずに信雄卿に味方すべきである」といい、一方、伊木清兵衛（長兵衛）は「秀吉の勝利は間違いないので、秀吉に味方して先祖の家を起し、旧功の者を取り立てれば繁栄は疑いなく、今、義のみ守るとも家を起さん事第一なり」と述べたと言われています。それでも決めかねていた恒興のもとに秀吉は使いを出して尾張・美濃・三河の三国を与えると神文を添えて申し伝えてきたと言われており、伊木清兵衛（長兵衛）は大いにこれをすすめ、恒興は三月十日の夜に至り秀吉に味方することを決したと言われています。池田隊は十三日の夜に秀吉方として犬山城を奇襲しています（履歴略記）。

恒興と元助はそれぞれ二千の兵と共に秀吉の甥三好秀次（孫七郎）に率いられ（「豊太閤小牧陣備書」慶応義塾大学図書館所蔵）、小牧長久手の戦いに参戦します。しかし四月九日の長久手の戦いにおいて、恒興・元助の父子、恒興娘婿の森長可が討死して大打撃を蒙るのです。恒興は家康の本拠である岡崎を一気に攻略しようと「三河中入り」を献策したとされ、これを察知した家康隊の総攻撃を受けて壊滅状態に陥ったのです。恒興・元助の戦死は家中に大きな動揺をもたらしたはずです。戦さの二日後の四月十一日に秀吉は少なくとも三通の書状（見舞状）を送っています。恒興の母養徳院、池田氏の老臣土倉四郎兵衛、輝政に宛てられたものです。

養徳院宛のものは大変長文のもので、秀吉自筆とされている書状です。勝入（恒興）と元助親子の不慮の死を悼み、残った輝政・長吉の取り立てを約束しています。恒興・元助の家臣団は、すべて輝政に付属させたいと述べ、また自分（秀吉）を死んだ恒興と思ってほしいと慰めました。

合戦前、織田方に組することを主張したといわれる土倉四郎兵衛には、恒興同様に輝政を取り立てるので下々の家臣に至るまで輝政に仕えてほしいと述べ、家臣団の身の上は等閑にすることなく保証することを強調しています。末尾には「人数をも取集、下々散らぬやうニ気遣尤候」とあります。秀吉は家臣団の分裂をとくに危惧したようです。

輝政に対しては、次の見舞状が布陣先の宿所に届けられています。

【資料一】羽柴秀吉書状　林原美術館所蔵

御手如何候哉、無心
元候て令申候、能々
養生尤候、度々
如申候、人をも被
集、道具以下御
拵専用候、尚
以面可申候、恐々
謹言
羽筑
卯月十一日　秀吉（花押）
池三左殿へ
御宿所

輝政は戦で手傷を負ったようです。秀吉はよくよく養生するように伝え、また家臣団の団結、武具や道具類の取りまとめ方などを指示していることがわかると思います。父・兄を一度に亡くした輝政の心中を察してか恒興・元助の討死については触れず三通の書状では最も短い内容になっています。長久手の戦いにおける輝政は伊木長兵衛（清兵衛）らと一緒に、戦列の後方にいたようで、父兄討死の報せを聞いた輝政は「一所にこそ戦死すへけれ」と、取って返そうとしたところを家臣の番藤左衛門が押しとどめたと伝えられています（履歴略記）。

一方、徳川氏にとって長久手の戦いで秀吉軍を打破したことは、家康が征夷大将軍として江戸政権を樹立する足がかりとして位置づけています。家康の死後に作成・奉献された「東照宮縁起絵巻」の第一巻に描かれる最初の合戦は、長久手の戦いにおける池田隊壊滅の場面なのです。恒興の討死場面を描いて家康の武勇を伝えていることを輝政は知る由もなかったと思います。輝政は家康よりも三年早くこの世を去っています。

合戦直後の書状から、池田家の難局は秀吉の采配で対処されたことがわかります。二十六歳で討死した兄元助には当時由之という八歳になる男子がありましたが、秀吉は早々に家臣団を輝政に率いさせることを決めています。その事は池田家の家督を輝政が継承することを意味しています。「勝入父子、命を残し候へとも次男古新、大将の器量備りて候」（同書）と称された二十一歳の池田輝政。俄かに一族の長として家臣団を率いる立場になったのです。

◎——池田輝政の出発

四月二十八日、羽柴秀吉は輝政と重臣の伊木・土倉・片桐・和田らを楽田城に召し寄せ、次のように述べたといいます。「勝入（恒興）の居城大垣を輝政に与える。輝政は年が若いので老公の伊木清兵衛を恒興同然に思いなさい。家老らも清兵衛の指図に違背なく従い、輝政に忠勤しなさい」と（同書）。清兵衛は合戦前、秀吉に味方することを進言していた人物です。秀吉は池田氏の家臣団を前に、この日正式に輝政を後継者に指名したわけです。それまで古新（幸新）を名乗っていた輝政もこの頃より「照政」を名乗るようになっています。

天正十二年五月三日、輝政は長久手の戦いで討死した臼井藤丸の父親（「臼井一心老人」）に左のような書状（資料二）を送り見舞っています。

文中にあるように「父子始家人共廿余人戦死」を伝え、その中に臼井藤丸も含まれていることを知らせています。後継が正式に決まり数日を経て輝政は書状を認めています。戦からひと月近く経過していますので戦死の第一報は既に入っているのかも知れませんが、輝政からの見舞いは相応の時間を要したことになります。『池田家履歴略記』によれば、臼井藤丸は討死した父子の側にいたらしく、父子の討死をうけて切腹したようです。そのような家臣が二十人ほどいたことを同書は伝えています。

【資料二】

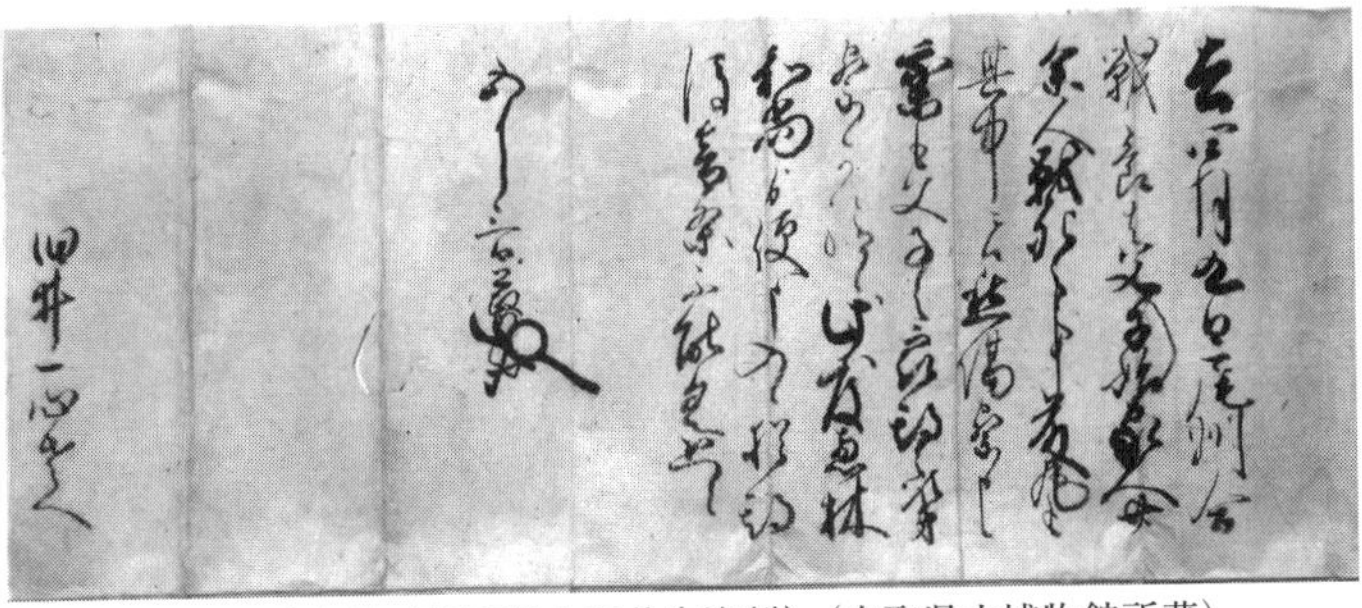

池田輝政書状（鳥取藩士臼井家資料）（鳥取県立博物館所蔵）

去四月九日、尾州合
戦之節は父子始家人廿
余人戦死の事、藤丸も
其中ニ候、愁傷察申候、
我等も父子の最期の次第
察可給候、此度恵林
和尚より使申入候、猶期
後音候条、不能具候、恐々

五月三日　　照政（花押）

臼井一心老人

臼井家に伝来した資料中には臼井藤丸の肖像画が残されています。肖像上部にある文言によると、藤丸は五十九歳の一心老人の二男で二十五歳だったようです。息子が戦死した年の夏、父親は次の書付を残しています。

【資料三】臼井藤丸肖像書付（鳥取藩士臼井家資料）鳥取県立博物館所蔵

池田勝入公・之《(元)》助公ニ随ひ、尾陽ニおゐて天正十二年甲申四月九日戦死、御両君始、廿余人の討死及聞、誠ニ愁嘆、止む時無く、かなしみの余り、愚息か幼像を画して忌日ニ懸、香華を手向、法華読誦畢

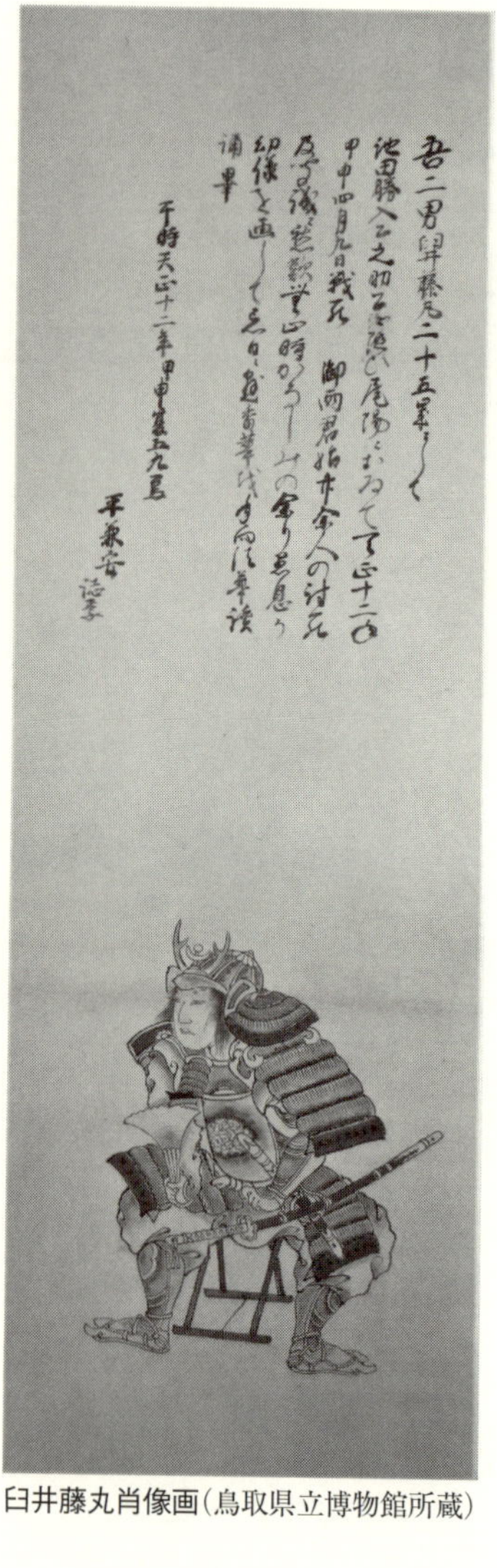

臼井藤丸肖像画（鳥取県立博物館所蔵）

戦国期の戦において肉親を亡くした遺族がその悲しみを記録に残した例はほとんどありません。短文ながら貴重な記録であると思います。戦さの世とは言え、わが子を亡くした悲痛な思いは今と何ら変わりがありません。輝政自身も「我等も父子の最期の次第察可給候」と述べているように、父兄を亡くした悲しみの中にあります。この時の悲しみは生涯消えることがなかったのではないでしょうか。

長久手の戦いを機に池田家の後継者となった輝政の最初の務めは本書にみられるように、家臣の遺族への御悔みではなかったかと想像します。本書が現在確認されるもっとも古い輝政の発給文書である点も突然後継者になった事情を象徴しているように思われます。

なお、池田家の菩提寺である池田町龍徳寺には、恒興・元助父子の位牌と共に、討死した二十一名の「列忠霊同聚」と銘する大きな位牌が安置されています。表には討死した本人の名前。裏面には位牌を安置した二百年忌当時の子孫の名前が記されています。二百年後の池田家家臣団は、主には鳥取池田家と岡山池田家に枝分かれしていますが、両家の家中が合同で位牌を安置したようです。例えば輝政の見舞状にある藤丸は、表に「(家紋) 臼井藤丸」とあり、裏面には「因幡　臼井十太夫」と子孫の名を記しています。子孫が岡山藩士になっている場合は、裏面に「備前　大村武左衛門」などとあります。

二百年後の天明三年（一七八三）頃、同じ境遇にある鳥取藩・岡山藩の家中の士が、藩（御家）の枠組みを超えてこのような位牌を安置するのは珍しく、先祖を同じくする一門ゆえ実現したことではないかと思います。墓地にはこの位牌と同時に建立されたとみられる「列忠塔」と刻む二十一名の合葬墓石が池田父子の墓所の前に建っています（『大名池田家のひろがり』）。

◎——岐阜城主から吉田城主へ～輝政の結婚～

輝政は父の遺領を継いで先ず大垣城に入り、七月には信長由緒の岐阜城に入り十万石を領しました。信長に始まり兄元助も継承した岐阜城下の楽市楽座は輝政も継承して岐阜入部早々に制札を下しています（前掲「近世大名池田氏の成立」）。

家臣団に対しては天正十二年八月九日に初めて領知判物を与えています。この四か月は目まぐるしい日々であったに違いありません。輝政の先妻となる中川清秀（摂津茨木城主）の娘糸姫との間に嫡男利隆（照直・玄隆）が誕生したのは同年九月のことです。糸姫との婚姻は小牧長久手の戦いの少し前、天正十一年頃と思われ、恐らくは池田氏が摂津から美濃に移り、輝政が池尻城主になった頃ではないかと思います。輝政はこの地で初めて城主となっています。糸姫は一説によると産後の肥立ちが悪く離縁したとも言われますが、没年は継室となる徳川家康の娘普宇《ふう》姫（督姫・良正院）と同じ元和元年のことで、普宇姫よりも後に亡くなっています。

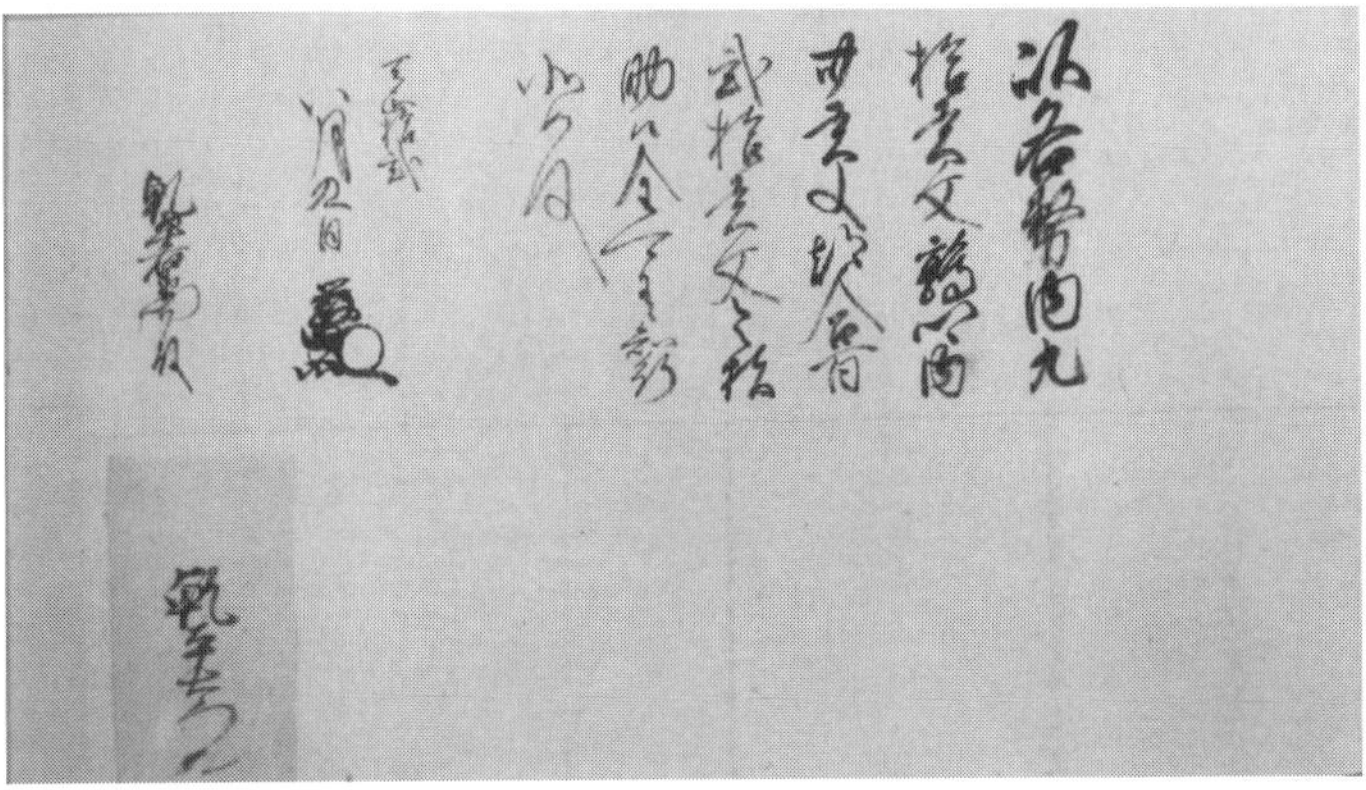

池田照政領知判物（乾家資料）（鳥取県立博物館所蔵）

その後輝政は天正十八年までの六年余りを岐阜に在城しています。天正十五年、秀吉に従い島津氏を攻略して帰陣すると関白秀吉の命により池田名字を改め羽柴を称します。これは名誉的な授与ではなく正式な名字として扱うべきとされ、輝政は最晩年ともいえる慶長十六年十二月まで羽柴名字を名乗ったことが明らかにされています。(6)

天正十六年四月の後陽成天皇の聚楽亭行幸の際には豊臣姓をあたえられ従四位下侍従に叙任されています。輝政は騎馬にて供奉し和歌を残しています。(7)

【資料四】池田輝政和歌

君カ世ノ　深キ恵ヲ　松ノ葉ノ　替ラヌ色ニ　タ
クヱテソ見ル

侍従豊臣輝政

天正十八年（一五九〇）、輝政は秀吉に従い七月に小田原北条氏を攻略したのち、奥州征討にも先陣として参加。八月に家康が関東に移封されると、帰陣後の九月にはそれら戦功により岐阜城から、三河国吉田城主（現愛知県豊橋市）十五万二千石となります。所領は東三河を中心に、西三河・西遠州にわたる領域です。当地域は輝政入府後直ちに、亀井茲矩・宮部善祥坊（継潤）を奉行として太閤検地が行われ、輝政は同年十月十八日付で領知判物を家臣団に発給しています。また吉田城は発掘調査などの成果から、一五九〇年代池田輝政の時代に大規模な拡張・改築が行われ、今日の遺構に見るような半輪郭式の縄張りを持つ城郭が形成されたことが明らかにされています。[(8)] 本丸の北西には輝政時代の石垣が今も残っています。

鳥取池田資料の中に「保定纂要」という資料があります。文禄二年（一五九三）の記録に、朝鮮出兵に際して築かれた肥前名護屋城において、秀吉が在陣中の永井直勝（伝八郎）を見つけ、姓名を問い、賞美したとする記事を載せています。永井は長久手の戦いで輝政の父恒興を討った人物です。秀吉は永井を「彼ノ池田勝入ヲ討者乎」と賞賛したと言います。翌文禄三年、輝政は秀吉の仲立ちにより、北条氏直に嫁していた家康の娘、普宇姫（のち良正院）を継室に迎え婚儀を執り行うのですが、その時に輝政は居合わせた永井に父恒興の討死した様子を尋ねたと言います。永井は日を改めてそのことについて話したと書かれています。「保定纂要」にはそれ以上のことは書かれていないのですが、文禄期の話として掲載しています。

輝政が永井と面会して恒興討死のことを聞いたとする逸話は「甲子夜話」にもみられます。両者の対面は比較的知られた話のようであり、また関心も集めたのだと思います。以下に引いておきます。

【資料五】「甲子夜話」（四十五）

池田三左衛門、永井伝八郎へ始て対面の事

池田輝政、神祖（家康）の御親縁となりて後、申上らるゝは、麾下の士に永井伝八郎と申者は、某が父勝入を討候人に候。何卒対面いたし度と云。神祖さらば迚御許あり、因て初て対面す。此時人々思ふは、父を討たりし敵なれば、対面のうへ何がならんと思ひゐたるに、輝政先礼義を正くして申には、先年父勝入を長久手にて討玉ひしとき、某は年少にて、得と其様体を弁ぜず候。冀くば父討死の有さま、委く語り聞せ玉へと云へば、永井承候とて、勝入其時の有さまを委く申述たれば、輝政落涙して承り、さても忝存候。始て分明に承り候とて別れぬ。夫より又、神祖え言上するには、永井へ其父討死の様子承り候に、武道に恥ざる振舞に候を、かく討取候ことは、実によき武士にて候。其父の面目にも候へば、加禄し給り度と言上す。神祖肯じ玉ひて、万石の列になし下されしとなり。それ迄は五千石許の采地にて有しとなん。

「保定纂要」と少しニュアンスは異なりますが、複雑な境遇から戦乱期を乗り越えてきた輝政の律儀さが描写され、全体としては輝政顕彰の姿勢を感じます。輝政は義父家康に永井の加禄を言上したと伝えていますが、先の「保定纂要」では秀吉の計らいで永井の領知が加増されたと記しており、この点は定かではありません。

輝政・永井面談の逸話が、家康の娘普宇姫の「嫁娶ノ時」（保定纂要）、あるいは「神祖の御親縁となりて後」（甲子夜話）などとされている点は、家康との因縁を背景に語られた逸話と理解できそうです。秀吉は家康を牽制・懐柔する目的から有力家臣の輝政に家康の娘を嫁がせたのだと思いますが、輝政にとっては自分の父と兄を討った総大将の娘を夫人に迎えるということですから複雑です。輝政の境遇は誰からも理解されるところであり、諸人の共感を得たのだと思います。それ故このような逸話が諸書に見られるのだと思います。また輝政と普宇姫の結婚や、本来は仇《かたき》である永井との面談は、戦乱の世が去り、「徳川の平和」を迎えたことの象徴として語られたのかも知れません。

現代の価値観からはなかなか考えにくい婚姻ですが、輝政にとり、池田家一門にとり、後々までも重要な意味をもったのです。

◎──関ヶ原の戦い

慶長三年（一五九八）八月に秀吉が死去すると次第に家康が実権を握るようになります。輝政との関係も姻戚関係を背景にいっそう深まったと思います。翌年には普宇姫との間では第一子となる次男の忠継が誕生。その後の家康の可愛がり様は大変なものでした(9)。

慶長五年六月十八日、会津の上杉景勝が家康に反旗を翻すと家康は大坂に留守居を残して池田輝政・福島正則・細川忠興ほか約五万八千の上杉征討軍を東上させます。弟長吉、嫡男利隆の軍勢も加わっています。同二十一日に輝政の居城吉田城に到達した家康は、止宿して輝政の饗応をうけたと伝えられます(10)。下野国小山に進軍した家康のもとに石田三成挙兵の報が注進されると、（池田隊は宇都宮に進駐していた）、七月二十五日に小山で軍議を開いて諸将の西上を決し、正則と輝政を先鋒、井伊直政・本多忠勝を軍監としました。

八月十四日、諸将は早くも正則の居城清州城に入ります。正則はなかなか出馬しない家康に疑念を抱いて、家康を弁護する立場にあった輝政と口論に及んだといいます（慶長年中卜斎記）。輝政は豊臣恩顧の武将と家康の間を取り持つ役割を担ったことが推察されます。同月十九日に家康からの書状を携えた村越直吉（茂助）が到着すると、清州城本丸にて軍議がひらかれ、輝政と正則を先鋒に岐阜に攻め上がることを決めます。

二十三日、福島正則隊は正面の追手口より攻め、一方の池田輝政隊は搦手となる水之手口から攻撃して一番乗りを果たしたと言われています（「池田氏家譜集成」ほか）。既にみたように、岐阜城は天正十八年（一五九〇）まで、わずか十年前は輝政の居城でした。城山の地理・地形、城郭構造を熟知していたことは言うまでもなく、池田隊が先陣の一翼を担ったことにより、険しい金華山岐阜城を攻め落とす有効な戦術として機能したのだと思います。

関ヶ原の戦いの前哨戦となる岐阜城の戦いは池田隊と福島隊の先陣争いの様相を呈したといわれます。徳川家の事跡を中心として江戸幕府が編纂した史書『朝野旧聞裒藁』（二十）によると、岐阜城本丸に一番乗りを果たしたのは池田隊とされていますが、寛永十八年（一六四一）成立の「池田家系図写」[11]は以下のように記しています。

【資料六】「池田家系図写」鳥取市歴史博物館所蔵
岐阜没落ノ後、福島岐阜ノ城ヲ請取ラント欲ス。輝政曰。城ヲ乗ル者ハ我ニ先無シ。両奉行擬議ス。福島嗷訴已マス。両奉行輝政ニ謂テ曰。大敵前ニ在リ、雄ヲ争フヘカラス。枉テ之ヲ宥恕、輝政親類ノ故ヲ以テ両人ニ任ス。福島之ヲ請取、同江戸ニ注進ス。
（原漢文。句読点筆写）

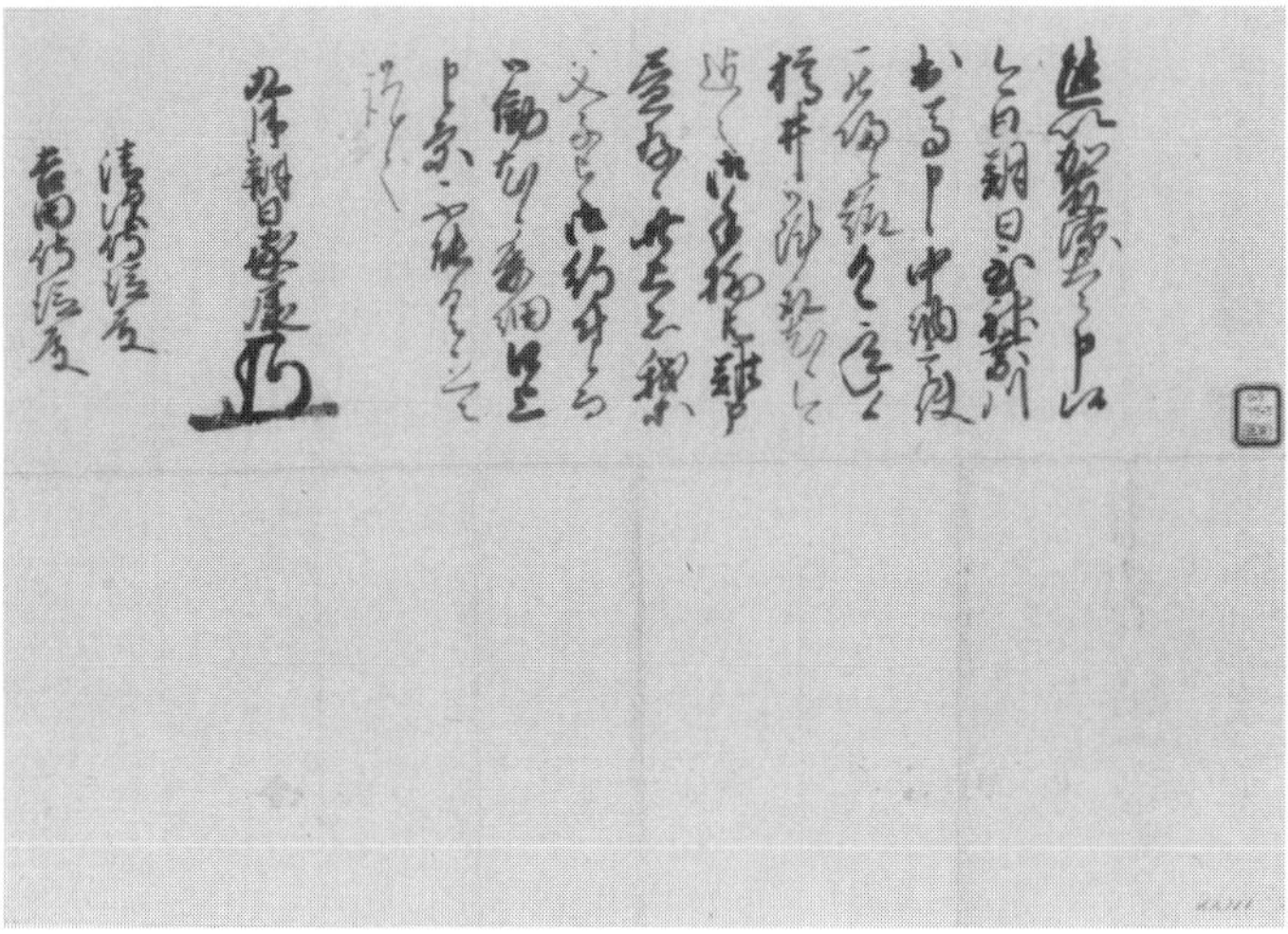

「徳川家康書状」（岡山大学付属図書館池田家文庫所蔵）

両奉行は軍監である井伊と本多のことです。両奉行は本当の敵を前にして福島と争うべきではないと輝政に宥恕を請い、輝政はまげて両者に判断を委ねたと伝え、岐阜城は福島が請け取って江戸にいる家康に注進したとしています。「池田家系図写」はそれ以上のことを書いていませんが、輝政の戦功に対する家康の書状（感状）四通を右文章に続けて載せています。後世に成立した系図、例えば「池田氏家譜集成」（池田冠山著）なども同様で、書状は後々までも池田家の履歴に欠かせない由緒として扱われました。

四通の家康書状（感状）は慶長五年八月十三日・二十六日・二十七日・九月一日付であり、岡山大学付属図書館の池田家文庫に伝来しています。それらは一括で三重の箱に大切に納められており、とても丁重に扱われてきたことがわかります。そのうちの一通に輝政の岐阜城攻めの戦功を称えた家康の書状（八月二十七日付）が残されているのです。「岐阜の儀、早々仰せ付けらる処、御手柄、何とも書中に申し尽くし難く存じ候」と称賛しています。続けて息子秀忠には中山道を押し上がることを申し付け、自身も東海道筋を攻め上がることを伝えています。岐阜城の攻略は家康自身が出馬の意思を固めた戦いでもありました。

輝政は石田三成挙兵以来、先鋒をつとめてきましたが、九月十五日の関ヶ原本戦では浅野幸長に次いで十四番手として、内通する吉川広家隊・毛利秀元隊の抑えに布陣すべきことを仰せ付けられました。輝政は石田・宇喜多の軍勢に対処する布陣を望みましたが、家康から枉《まげ》て聞き入れてほしいと言われ、南宮山に備えたと言われています（「池田家系図写」「保定纂要」）。石田・宇喜多に対峙したのは、本戦でも引き続き一番手として先鋒をつとめた福島正則隊でした。

関ヶ原合戦の前後、輝政の行動として目を引くのは、美濃・摂津・播磨などの社寺や町・村に禁制を発して保護していることです。比較的早い段階、慶長五年八月には美濃国の寺院や村落に単独で禁制を発しているものがほとんどです。[12]「池田先祖位牌所」である龍徳寺（美濃池田本郷）に対しては羽柴三左衛門尉（池田輝政）と羽柴左衛門大夫（福島正則）の連署で禁制を与えています（「慶長五年八月日」付）。岐阜城の戦いに際して先鋒を担う二者が発給しています。龍徳寺には岐阜城主時代の天正十四年（一五八六）二月にも寺院門前にかかる諸役免除の判物を与えています（共に龍徳寺文書）。輝政が池田氏先祖の位牌所（菩提寺）を引きつづき保護したことがうかがえます。

連署による禁制は、このほか浅野幸長を含む三者発給のものがみられ、この三人が関ヶ原戦争期に戦功を残して早くも特別な位置にあることを示しているのだと思います。「保定纂要」には関ヶ原合戦直後の九月十八日の項に「若シ諸軍京都ニ乱入シテ狼藉ニ及事モ有ント、日ノ岡峠ニ番所ヲ建ラレ、洛中洛外ニ制札ヲ建、京都静謐ニ守玉フヘシト輝政公・福島正則・浅野幸長等ニ命セラレ（略）」とあります。家康の命により禁制が発せられ、「制札」が各所に建てられたことがわかります。そのことを裏付けるように、翌十九日付の禁制は正則との連署で京都の太秦寺（広隆寺）・梅津長福寺・妙心寺などに。二十・二十一日付は摂津・河内の村落宛に。二十二日には浅野幸長を加えて三者で天王寺に発給されています。九月二十三日になると輝政・正則の連署禁制は播磨国に及びます。播州赤穂仮屋中、播州龍野惣町中に、同二十六日には播州清水寺、広峰神社に与えています。輝政か正則のいずれかを播磨支配に組み込む可能性のあることを示唆しているように思います。

輝政の播磨拝領についでは有名なエピソードが残されています。家康から内々に播磨と美濃いずれが良いか望みに任せると言われ、輝政家中の大方の意見は、播磨は不案内なので、旧領である美濃をはじめは望んだというものです。しかし老臣伊木豊後だけは、「俚諺に、一播磨、二越前と申して播磨は大上々の国である。また天下兵乱ともなれば東西の戦場は多く尾濃となりかねない。西を備前、南は淡路に開け、播磨こそ手広く永世基業を起すべき地である」と進言して容れられたといいます。池田氏一門がその後領有する備前や淡路が展望されていることを考慮すると後年成立の話とも思われますが、「東西の戦場」が意識されている点は興味深く感じます。

◎――播磨国拝領と姫路城

輝政の戦功は、家康の娘婿であることと相まって、戦後の論功行賞に大きく影響を与え、播磨国五十二万石を拝領するに至ったわけです。通説では慶長五年十月十五日に拝領したとされていますが(『姫路市史』第十四巻ほか)、慶長五年十月十六日の日付をもつ九箇条からなる「定」からは、家臣団の姫路入部に際する準備が具体的に進められていることが理解されるので、合戦終結直後とも言える播磨国内への禁制を踏まえるならば、九月中に輝政の播磨支配が見通されていたのではないかと思います。

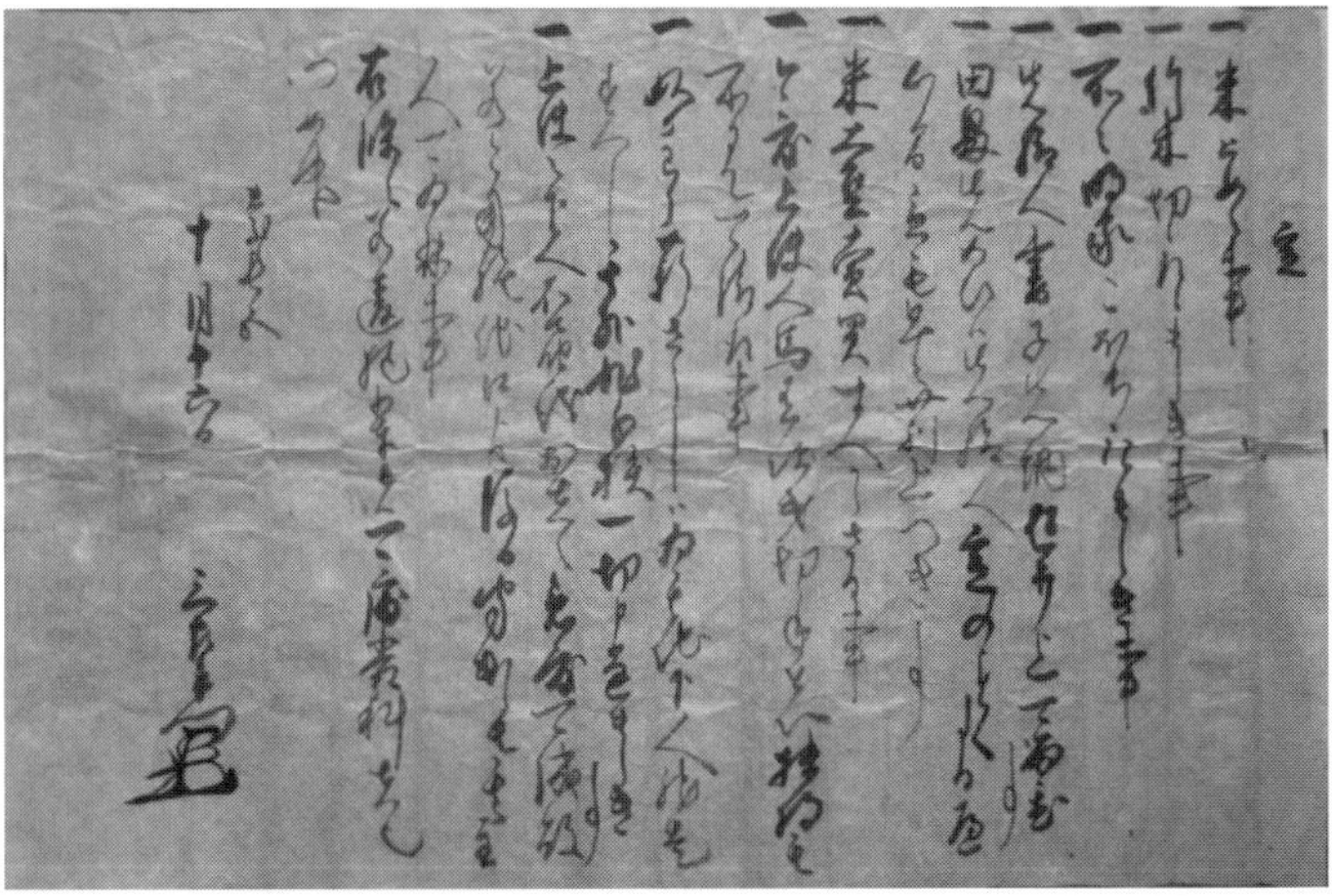

池田輝政定書（鳥取藩士岡島家資料）（鳥取県立博物館所蔵）

では入部に際する「定」を見ておくことにします。[13] 第一項は米の移出の禁止。第二項は城下の竹木伐採の禁止。第三項は城下空家（明家）の破壊および建具類の持去りなどを禁止しています。その他、この度の城地などの受取に際し、徳川氏より「上使」が遣わされており、人馬の手配を急遽定められていることがわかります。

当資料が伝来した鳥取藩士岡島家は、天正十一年（一五八三）、美濃国大垣城主時代の池田勝入（恒興）に八十石で召し出されたといわれる池田家譜代の家臣です。姫路に入部した頃の役職はわかりませんが、慶長六年に岡島五平次に宛てられた領知判物では、加増百九拾石を得て都合三百五拾石とされ、輝政の播磨拝領に従い岡島も大幅に加増されています。江戸初期の岡島家は鳥取藩の代官や普請奉行をつとめた家筋なので、本書が当家に伝来したのも姫路の城下町の受取にかかわるような役をつとめたからではないかと推定しています。

家臣団の一部には十一月十一日付で領知判物を与えていますが、岡島五平次のように大部分の古参の家臣には翌六年十一月三日付で知行を充行っています（鳥取藩政資料「藩士家譜」）。そのほとんどは花押を据えた判物を与えていますが、一部には印判（黒印）を使用したものも確認できます（岩見沢市　吉村家資料）。

築城に関しては多くの資料はありません。「履歴略記」に従えば「下なる宿村・中村・国府寺村の三村をも合て姫路と号す。伊木長門引縄して五重の天守を作る（略）九年にして功成る（略）追々普請あって十四年に至り大概に成しなるへし」とあることから慶長六年起工、同十四年に竣工とされるわけです。また鳥取藩政資料の「本藩秘記」（鳥取県立博物館所蔵）に次のような記録がみられます。


公ノ御内意ハ知ヘカラサレトモ、播州書写山ハ姫路ノ根城トノ御奥意ナリシト伝フ、姫路城御殿ノ地ヲ築ニ、赤穂ノ塩ヲ以テ仰付ラル、並壁ノ中ニ荒目ヲ入ル様ニ仰付ラル、姫路侍ニ縁有テ近代是ヲ問ニ、アラメノ事モ、塩ノ事モ、今ニ至テ人々感心スト云リ（略）

播州書写山（圓教寺）は姫路城の根城であるとするこの文献は、姫路城の御殿の地を築くのには「赤穂ノ塩」、塗り壁には「荒目」（アラメ）を使うように仰せ付けられたと記しています。姫路の侍に縁あって聞いて感心したといいます。この記述のみでは詳しいことはわかりませんが、御殿の基礎となる土工の三和土《たたき》で赤穂の塩から得られる苦汁《にがり》を使用したこと、城や御殿周りの壁や塀の漆喰には「荒目」という海草を糊剤の原料として使用したと理解できそうです。近年の姫路城修理工事では北海道産の銀杏草という海草を入れて漆喰に使用したと言われています。

また輝政は慶長九年九月二十九日に江戸「辰ノ口」に広大な屋敷も拝領しています。のちの岡山藩上屋敷です（保定纂要）。

◎――晩年の輝政

慶長八年二月十二日の家康将軍宣下の時、輝政は従四位下右近衛権少将に任官され、当年五歳の次男忠継（藤松）には十四日付で備前国二十八万石が与えられています（「徳川家康領知判物写」鳥取県立博物館所蔵）。同二十五日の家康参内の拝賀の際には輝政も乗輿にて御供したといいます。四月には江戸にのぼり家康に拝謁しているので謝意を表したのだと思います。

忠継は余りに幼少でしたので、替わって長兄の利隆（照直）が備前を監国（代理執政）しています。利隆は同十八年輝政没後、正式に播磨領を相続するまでの間、備前を実質的に支配しました。[14] 利隆は備前拝領の翌年、慶長九年十一月には自身の「照直」の名で家臣に領知判物を与え、その後も一部の家臣に同十二年九月二十九日、同十五年三月二十三日に「輝直」の名で発給しています（鳥取藩政資料「藩士家譜」）。「照政」（輝政）とその嫡子「照直」（利隆）父子は、慶長十二年七月より、それぞれ「輝政」「輝直」に字を変えています。[15] 七月三日に後陽成天皇の宣旨があり、姫路城において包永の御太刀と寮の御馬を拝領しています。輝政はその勅答の草案を「法華法印」に作らしめ、祐筆の岡彦左衛門に書かせ、さらに「菊亭殿」すなわち今出川晴季に草案を添削してもらうという念の入れようで、武家伝奏（武家の奏上を朝廷に取り次ぐ公家の役職）の廣橋大納言兼勝・勧修寺中納言光豊に書状を進上しています。[16] この時の署名が「輝政」であることから、恐らくは後陽成院の宣旨を機に「照」の字を「輝」に改めたのではないかと思います。

晩年の輝政に関連して記されたものに、慶長十四年十二月十二日付の輝政夫妻等を呪詛する文書の存在や、姫路城内で起こる奇怪な現象についての記録がみられることが一つの特徴になっています。多くは割愛せざるを得ませんが、呪詛文書のもつ意味合いを検討したものは、一九四七年に発刊された橋本政次氏の『姫路城史』以来いくつかの成果があり進展を見せているところです。[17]その背景には慶長九年頃より体調がすぐれなかったという輝政の「御煩・御悩」(「古記之写」岡山大学図書館池田家文庫所蔵)が影響しているように思われますが、呪詛の文書は「新たに播磨国の領主となった池田輝政が姫路築城に絡んで、領民に高額年貢を賦課したことや、徳川家康の娘で輝政夫人であった督姫の振舞いとも相俟って、西国将軍とも称された池田家に対する民衆の有象無象の怨嗟が表出したもの」と考えられています。この呪詛から逃れようとするならば姫路城の北東に八天塔(堂)を建立せよとかな文字で記されているのですが、江戸時代中期頃の姫路城の絵図に「八天堂」が描かれていることが近年確認されるに至っています。[18]池田氏の国替以後も「八天堂」という施設が城郭鬼門を守護している点は興味深く感じます。

一方池田氏一門の領国経営は着々と規模を拡大していきます。慶長十五年(一六一〇)二月、三男の忠雄に淡路国六万石が与えられます。しかし家臣団は、輝政が没する慶長十八年まで未分離の状態で、「池田家文庫」に所蔵される家臣団の分限記録には、慶長十七年「池田三左衛門尉輝政播・備・淡侍帳」(傍点筆者)と表紙に書かれ、輝政のもとにまとまる家臣団の様相と輝政の権勢を感じます。

輝政は慶長十七年に正四位下に叙任され参議に任官されています。徳川一門以外で最初に参議に昇官したのは輝政とされ、[19]同時に松平の名字が与えられています。晩年「西国の将軍」など称された輝政を「有斐録」は「輝政様御威勢おびただしき事にて候。姫路の事は置き、備前へも諸大名上り下りに寄られ、又輝政様駿河へ御越之節にも、尾張様・紀州様など阿部川迄迎に御出成されし由也」と伝えています。やや誇張があるとしても、関ヶ原以降も豊臣家が依然大坂にある中、輝政は大坂と西国諸大名の中間に壮大な姫路城を築城し、その抑えとしての「威勢」示す事に成功したのだと思います。

◎——輝政の死去とその後の一門衆

五十歳を前に輝政は慶長十七年正月「所労」により体調をくずします。将軍秀忠は三月から六月にかけて度々見舞状や薬を送っています。後の記録をうかがうに軽度の「中風」、脳卒中ではないかと思います。その後病は癒えたかに見え、八月には駿府に出向いています。同月二十三日には江戸で秀忠に拝謁して参議正四位下に昇進しています。九月四日に再び駿府に立ち寄り家康に拝謁して摂津国に鷹場などを拝領。同十八日には京都に赴いて参内して昇進を謝し、その後姫路に戻っています。

輝政が姫路に帰着して間もない頃の文書が伝わっています。夫人普宇姫（良正院）が同年十月七日付で伊勢御師に祈祷を依頼した「御願書」です（「白鬚大夫家文書」鳥取市歴史博物館所蔵）。普宇姫は伊勢神宮に願かけをするために、信仰の仲立ちとなる白鬚大夫に「御きねんの御書たて」と題する依頼状を出します。父家康、弟秀忠を筆頭に、夫の輝政、上殿（利隆）以下八名の子供たちの名を列記して、家族・親族の安寧を祈祷したのです。輝政の容態が芳しくない時期にこのような依頼がなされたのは偶然ではないと思います。後段には上殿（利隆）のことを気遣う義母《はは》の姿が見られます。[20]

翌十八年正月二十五日中風が再発して姫路城において死去します。一説では天守の西に位置する男山の「別館」で死去したとされ、「御風呂屋ニテ中気シ給フ」とあります。[21]五十年の生涯でした。鳥取藩政資料の「当家系図伝十　宰相輝政伝」には「男山龍峯寺ニ葬ル、播州一郷《（市之郷）》渡リヨリ西方ニテ火葬シ、石碑ハ男山ニ建、備前ニ移セシ時海ニ沈ムト云、本多美濃守姫路城主ノ節備前ニ引取玉ヘト被申ニ依テ也」とあります。輝政は市之郷村の渡しの西方で火葬されたと具体的に記してい

池田輝政供養塔（姫路市平野町　正法寺）

ます。現在、姫路市平野町の正法寺にある輝政の供養塔（五輪塔）は、明治から大正期頃の国鉄貨物線の工事に際して市之郷から正法寺の境内に移転したという寺伝を有していますので、[22]供養塔は火葬された場所付近にあったものと概ね理解できそうです。男山には石碑（墓石）が建てられたとあり、幕府が編纂した「寛政重修諸家譜」にも「彼地の龍峯寺に葬る」と記していますので、池田家では輝政没後当初の葬地として正式に扱われていたことがわかります。「男山龍峯寺」は現在男山東麓にある不動院のある所で、ここがかつての龍峯寺（のち国清寺と改号）跡地といわれています。

一方、寛文七年（一六六七）に孫の光政により工事の成った和意谷敦土山の墓所（現国史跡「岡山藩主池田家墓所」）は、「履歴略記」によると京都妙心寺塔頭護国院にある「輝政様・武州様御骨は一ツ櫃へ入」れられて備前まで運ばれたとあります。姫路で火葬された輝政の遺骨は姫路の龍峯寺と、京都の護国院に納骨されたと理解できそうです。岡島正義が江戸後期に著した「御家之記抜粋」に載る鳥取城下池田家の菩提寺、興禅寺の寂潭和尚（享保十八年没）の咄として、本多忠政（美濃守）の申し越しで移送することになった輝政の墓石が海底に沈んでしまったことに、赤穂城主で輝政の五男（本書には「六男」とある）池田政綱が憤激し、これを聞いた兄忠雄（岡山城主）が政綱をなだめたとする逸話を伝えています。これが事実ならば墓石の移送は政綱が存命中の寛永八年（一六三一）以前のことになります（忠政は元和三年姫路城主。寛永十六年没）。改葬は寛永期と寛文期の二段階で行われているかのように思われます。[23]

輝政の遺領相続にともない家筋ごとに「人分ケ」がされ、順次各々の家臣団に領知判物が与えられます。西播磨三郡を欠く播磨四十二万石を相続した嫡男利隆は慶長十八年年十一月七日に発給しています。備前および西播磨三郡三十八万石を相続した次男忠継は同年十二月四日。淡路の三男忠雄は十二月二十日に発給して明確に家臣団が分けられて家筋が確立します。輝政の弟長吉の系譜は関ケ原以降、因幡四郡六万石を領有していましたので、池田家一門衆は近世大名の中でも「池田百万石」と称されたようにとても重要な位置にあったと言えます。

元和元年（一六一五）に忠継が十七歳で没すると、宍粟・赤穂・佐用の播磨三郡は、輝政の四男以下、輝澄・政綱・輝興にそれぞれ分与され、一門の家筋はすべて大名として取り立てられますが、その後改易や断絶もあります。存続した家筋は、国持大名として嫡男利隆の系譜の岡山池田家（岡山藩三十一万五千石）、次男忠継の家筋を継承した三男忠雄の系譜の鳥取池田家（鳥取藩三十二万石）が廃藩置県まで存続し、四男輝澄の系譜、福本池田家は交代寄合（旗本）として続きました。そのほかにも播磨国や備中国、関東諸国に知行地を有する旗本諸家が多数存在しますので、[24]輝政の時代に枝分かれした池田氏一門衆として留意されるべきだと思います。

《注》

(1)本稿では、混乱を避けるため、特に断らない限り一貫して「輝政」の名を使用した。姫路城主となった後もしばらくは「照政」と称しており、「輝政」に改名するのは慶長十二年（一六〇七）のこと。幼名・俗名については冒頭で述べた通り。

(2)父恒興は戦功により諱字を与えられ「信輝」と号したと言われる（寛政重修諸家譜ほか）。しかしながら同時代の一次資料に「信輝」の名は一例もなく、死去後約六十年を経た寛永十八年（一六四一）成立の「寛永諸家系図伝」が今のところ初出と確認される。「恒興」と記す下に「勝三郎　紀伊守　後に信輝とあらたむ」とみえる。ところが江戸後期の「寛政重修諸家譜」では「信輝」をメインに記し、その下に「初恒興」と注記され、「信輝」が優位に扱われるのであるが、正しくは「恒興」である。

(3)伊藤康晴「近世大名池田氏の成立」。『姫路城主「名家のルーツ」を探る』（二〇一二）播磨学研究所編、神戸新聞総合出版センター発行

(4)『天下人の書状を読む　岡山藩池田家文書』岡山大学付属図書館・林原美術館編（二〇一三年）。養徳院に宛てられた秀吉の領知宛行状は、天正十二年（一五八四）・天正十七年（一五八九）などがある。家康からの書状は慶長五年（一六〇〇）に関ヶ原の戦いに勝利したことを祝した養徳院の書状に対する家康の返書が伝えられている。

(5)岡山藩・鳥取藩関連の二次的編纂資料には「之助」と記されることが多いが、同時代の一次資料に「之助」の記載はなく、どれも「元助」である。但し、岐阜市常在寺宛ての判物の写しに「之助」と誤写されたとみられる文書がある（常在寺文書『岐阜県史 史料編 古代・中世一』所載）。詳しくは註(3)文献、および鳥取市歴史博物館『大名池田家のひろがり』（二〇〇一年）を参照。

(6)黒田基樹「池田輝政の発給文書について」「岡山藩の支配方法と社会構造」（一九九六年）所載。黒田基樹『羽柴を名乗った人々』（二〇一六年）参照。

(7)「当家系図伝 十」所載（鳥取県立博物館所蔵）。一方、「池田家履歴略記」には「君か代の深きめくみを松の葉の　かはらぬいろにた、へてそみる」とあるが、「タクエテ」（類へて）が正しいと思われる。

(8)『豊橋市埋蔵文化財調査報告書第21集吉田城址Ⅰ』豊橋市教育委員会（一九九四年）

(9)鳥取市歴史博物館『館蔵品展Ⅱ』（二〇一二年）「資料10　徳川家康黒印状　解説」

(10)「保定纂要」には「神君吉田ノ御城御止宿輝政公饗応アリ」とあるが、「履歴略記」には「昼の御まふけ」とある。

(11)鳥取市歴史博物館所蔵。寛永十八年に池田光仲・光政両家で作成され、連名で幕府に提出された系図。幕府は「寛永諸家系図伝」として系図を編纂した。

(12)『岐阜県史　史料編古代・中世一』（一九六九年）。前掲黒田（一九九六）表1「池田輝政発給文書目録」参照。

(13)「池田輝政定書」（鳥取藩士岡島家資料）鳥取県立博物館所蔵

定

一米とめ之事

一竹木切取ましき事

一所々明家こほち取ましき事

一先給人妻子先納返弁迄可留置事

一田畠先あひハ先給人定のことくたるへく間、悪毛早々苅上つき事

一米大豆売買すへからさる事
一今度上使人馬有次第切手を以扶持其所にて可請取事
一ぬかわら薪さうしハ為其地下馳走すへし、其外非分族一切申懸ましき事
一上使之下人不届之儀、於在之急度可成敗、若令用捨他口ゟ後日聞出候者其主人可為曲事
右条々若違犯輩者可処厳科者也、仍如件
慶長五
十月十六日　　三左衛門（花押）

⒁慶長十二～十八年と推定される徳川秀忠黒印状に「備州仕置」について本多正信が秀忠の意向を利隆に伝えていることがわかる。
⒂前掲、黒田基樹（二〇一六年）
⒃「御家之記抜粋」（岡島家資料）鳥取県立博物館所蔵
⒄高尾一彦「池田輝政夫妻への警告と噂」『兵庫県の歴史』3所載（一九七〇年）。埴岡真弓「天狗の手紙」『池田家参内の系譜』所載（二〇一一年）。松井良祐「池田輝政等呪詛一件をめぐって」『築城―職人たちの輝き―』所載（二〇一六年）ほか。
⒅兵庫県立考古博物館『築城―職人たちの輝き―』（二〇一六年）
⒆前掲、黒田基樹（一九九六年）
⒇前掲、伊藤康晴（二〇一二年）
(21)前掲、「御家之記抜粋」
(22)正法寺住職山本眞理氏からの聞き取り調査による。正法寺には輝政の位牌も安置されている。
(23)「御家之記抜粋」の著者、岡島正義は、興禅寺寂潭和尚の咄の末段に、先主の墓石を城下より移転

する行為に疑問視する私見を述べている。

(24)鳥取市歴史博物館『大名池田家のひろがり』（二〇〇一年）所載「池田氏系図」などを参照。

山崎、福本に刻む
池田輝澄・政直の足跡

宮永 肇

「西国将軍」と呼ばれた池田輝政（一五六四〜一六一三）の第四子・輝澄《てるずみ》（一六〇四〜六二）の一族がどのように生き抜いたかをお話しします。輝澄は母督姫（一五六五〜一六一五）の願いにより十二歳にして宍粟・山崎藩主になりますが、ふとしたことから御家は改易となり、流罪の処分を受けて、家族ともども因幡国（今の鳥取県）鹿野《しかの》に流されます。

◎――鵜殿一族と日蓮宗

池田輝澄の母督姫の母は、東海の武者、鵜殿長忠《うどのながただ》の娘で、のちに徳川家康の側室となった西郡の方《にしごおり》（?〜一六〇六）です。鵜殿氏についてはいろいろな説がありますが、長忠（?〜一五八八）は今川家の家臣で、三河国西郡城（愛知県蒲郡市）城主、日蓮宗の外護者《げごしゃ》でした。「寛政重修諸家譜《かんせいちょうしゅうしょかふ》」によると、長忠の子は五人で、長男は早世、二男は日梅という僧になり、遠江国鷲津（静岡県湖西市）にある日蓮宗陣門流の本興寺《ほんこうじ》に住みました。二人の娘の一人が西郡の方で、徳川家康に攻められて落城したときに御部屋（側室）として家康に仕えるようになり、永禄八年（一五六五）に岡崎城（愛知県岡崎市）で家康の二女督姫《とくひめ》を生みました。西郡の方の弟長次《ながつぐ》ははじめ家康に仕え、のちに池田家に仕えるようになりました。

西郡の方は日蓮宗の熱心な信者で、加えて、鵜殿長忠は外から信仰を援助する外護者として本興寺の支援をしました。

◎――督姫と青蓮寺

督姫は幼名を普宇姫《ふうひめ》と称し、富子・徳姫とも呼ばれました（『播磨・福本史誌』）。天正十一年（一五八三）、十九歳で小田原城（神奈川県小田原市）城主の北条氏直に嫁ぎましたが、同十八年、豊臣秀吉の小田原攻めで氏直が死去し、徳川家に戻りました。文禄二年（一五九三）九月、秀吉の媒酌で、三河国吉田城（愛知県豊橋市）十五万石の池田輝政の継室（後妻）として再婚しました。二十九歳のときでした。

輝政は、織田信長が亡くなったあとの山崎の戦いの直前に、羽柴と名乗っていた秀吉の養子となり、羽柴輝政という名前で通用していたときです。すでに中川清秀の娘と結婚して長男の利隆も生まれていましたが、秀吉は輝政を離婚させ、督姫をめあわせました。秀吉は自分の思惑で、養子であり腹心であった輝政と、徳川家の人間を結婚させたのです。そして督姫は忠継《ただつぐ》、忠雄《ただかつ》、輝澄、政綱、輝興《てるおき》など五男二女を生みました。

輝政は慶長五年（一六〇〇）の関ヶ原の戦いでは徳川方につき、そのあと、論功行賞で播磨一国五十万石をもらい、督姫は姫路城に来ました。

蓮葉院肖像画（青蓮寺蔵）

慶長十一年、母蓮葉院（西郡の方）が亡くなりました。母の供養のために姫路に寺をつくろうと、新潟から住職を呼び寄せ、翌十二年に御廟所・青蓮寺《しょうれんじ》を姫路城外に造営しました。これまではそれがどこだったのか精査している人がおらず、野里や東山という地名が出てきていて城外の東と思っていましたが、いろいろ調べてみると江戸時代の播磨の地誌『播陽万宝知恵袋《ばんようまんぽうちえぶくろ》』に載っていることがわかりました。

一、日蓮宗　静明山青蓮寺　勝芳派（陣門流の誤り）本寺越後国本城寺也、……姫路城外ノ未ニ当山ノ脇邑ニ初テ青蓮寺ヲ造営有テ、蓮葉院殿之位牌ヲ安置有リ、一回忌法事修行之由、

つまり蓮葉院の御廟所・青蓮寺は、姫路城外の未（南南西）の「当山の脇村」に造営され、そこで一回忌法要が行われたのです。

西郡の方の信仰篤かった日蓮宗陣門流はこうして、浜名湖畔の本興寺から始まり、その後は

池田家の長い旅の道のりをともにして、姫路に青蓮寺ができて、その後山崎に移り、輝澄が山崎から位牌をかついで鳥取県の鹿野に流され、それから福本にたどり着いて終焉を遂げ、現在の福本に同じ宗旨の寺徹心寺《てっしんじ》があります。

姫路の青蓮寺が山崎に移った経緯も『播陽……』にあります。

……青蓮寺ヲ元和四戊午年当所山田町ニ移シ……然所ニ寛永七（十七カ）庚午年石見守殿家亡ビシニヨリ無縁寺ト也（成）、寺院相読（続）難成、因是時之住寺日蓮上人京都ニ上リ、右之子細申咲ケレバ、大樹大君之台聴ニ達奉、正保三丙戌年五月十四日高家之郷上寺村ニテ寺領百石并境内山林竹木等永々御寄附被遊御朱印頂載（戴）始メテ御朱印地ト成也……

青蓮寺御朱印状之写シ

一、播磨国内完粟（宍粟）郡静明山青蓮寺領同国高家庄上寺村之内百石事并境内山林竹木等依蓮葉院日浄禅尼菩提所令寄附之訖全寺納永不可相違者也仍如件

正保三年五月十四日　松平周防守内

乃木五郎右衛門

岡田作兵衛

浅香九兵衛

池田家が元和三年（一六一七）に姫路から因幡へ転封となったあとも法灯を守っていましたが、寛永十七年（一六四〇）、あとでお話しする「池田騒動」で池田輝澄が鹿野に流され、無縁の寺となって寺をたたむよりしかたない事態になりました。そのとき、御家大事と思うしっかりした家臣が「幕府に対して顔向けのできないことになるから寺を移築しましょう」と姫路から山崎に移築させたのだろうと思います。

蓮葉院供養の石造五輪塔

山崎の青蓮寺の本堂は最近建て替えられましたが、寺の庫裏は姫路から持ってきたそのままだと住職からお聞きしました。玄関には城の心柱を思わせるような大柱があります。石造五輪塔には、片方に三つ葉葵が、片方にサイコロみたいな紋があり、これは「三つ石畳」で鵜殿家の家紋だそうです。基壇内にはご遺骨が納められています。右脇には「播州栗鹿領主松平久馬介建此石塔」と書いてあります。三つある位牌は、真ん中が蓮葉院、左が督姫、右が石見守（輝澄）です。非常にきれいな彩色が施されている笠位牌です。また、蓮葉院の肖像画も伝わっています。

青蓮寺は、山崎の町の東の端のちょっとした高台から四方を見下ろしていて、何百年ものあいだずっとここでお祈りを続けているということですから、まさしく山崎の守り神だろうと思います。歴代住職のうち七世日林は、福本に来られて、福本徹心寺の開基となりました。山崎の青蓮寺を見ていると、池田家は宗旨のつながりで保たれていると大いに感じました。

◎——督姫と家康

慶長十四年（一六〇九）、督姫は子どもの藤松（忠継）、勝五郎（忠雄）、松千代（輝澄）を連れて大御所家康を訪ね駿府へ下り、しばらくのあいだ滞在しました。

家康は慶長八年、督姫の最初の子である忠継が非常にかわいかったのでしょう、わずか五歳の忠継に、「征夷大将軍を受ける前祝いにこの子に備前国を一国やろう」と言い出し、忠継は備前岡山二十八万石に封じられていました。

松千代は慶長九年、姫路城で生まれました。この慶長十四年の駿府滞在時、家康は初めて顔を見る六歳の松千代に、自らの手をさしのべて、舟形の印子金（「寛政重修諸家譜」では「黄金づくりの文鎮」）を与えました。

督姫は、輝澄が将来どう生きていくべきかが気がかりで、父家康にこう懇願しました。「今、私は亡き母（蓮葉院）の宗旨、日蓮宗を相続していますが、この先々も母の菩提を弔うためには、この宗旨を松千代に相続させて、自分は徳川家の宗旨である浄土宗門を奉じたいと願っています。どうか、この松千代に祖母の宗旨を相続させて、身の立つようにしてください」。

これを聞いて家康は「その願いは尤もである」と思い、松千代を膝元へ召して「松千代は、母の願いを叶えて日蓮宗を受け継ぐのがよい。そうして父の池田姓を改め、この祖父の姓である松平を名乗るがよい」と言って、吉光の小脇差を手ずから与え、松千代の名前を松平左近と改めました。

◎――池田輝澄の山崎立藩

慶長十八年（一六一三）、輝澄たちの父池田輝政が病に倒れ、嫡男の利隆（母は中川清秀の娘糸姫）が姫路城主となりました。宍粟・佐用・赤穂郡は忠継の所領となっていました。

輝澄たちの母督姫は元和元年（一六一五）二月四日、二条城で逝去しました。五十一歳。葬地は京都の知恩院です。「寛政重修諸家譜」では、二月五日に姫路で逝去となっています。智光院慶安良正《りょうしょう》院と号しました。

同年、忠継が十七歳で亡くなると、弟忠雄が跡を継ぐことになりましたが、このとき、宍粟・佐用・赤穂の三郡は忠雄の三人の弟に分けられることになりました。そうして同年六月二十八日、輝澄は十二歳で宍粟三万八千石を領し、初めて山崎藩（別称・宍粟藩）が立てられることになりました。立藩後は、山崎の地に居城を構え、本格的に城下町の基礎を築き始めました。

元和二年、姫路城主の利隆が死去し、翌年に利隆の嫡男光隆は因幡鳥取へ三十二万五千石で転封、このことにより、輝澄・輝興・政綱の西播磨、忠雄の備前、池田長幸《ながよし》（輝政の弟長吉の長男）の備中の、西国大名を牽制する防衛ラインが形成されました。

この間、輝澄は慶長二十年（一六一五）大坂夏の陣に従軍し、同年、従五位下、石見守《いわみのかみ》に叙任されました。

山崎藩主となって以後の輝澄は、元和三年に従四位下、寛永三年（一六二六）には侍従に昇進しました。若いころの輝澄は乗馬の名手として知られたようで、寛永三年、京都・二条城で後水尾天皇の上覧に預かり、同席した、当時大御所であった徳川秀忠と将軍家光から褒美として御刀を賜りました。

寛永八年、輝澄の弟で赤穂藩主の政綱が亡くなり、その弟の輝興が佐用郡平福《ひらふく》から赤穂に転封すると、佐用郡二万五千石が輝澄に加増され、山崎藩は一気に六万三千石を領することとなりました。これを機に、城下町の一層の整備や領内の支配機構の構築、新旧家臣団の編成が急激に進められていったと思われます。つまり、伊木《いぎ》氏など父輝政譲りの姫路時代からの家臣と、新たに召し抱えられた小河四郎右衛門たちの対立の萌芽がここにあります。

◎――輝澄の病と池田騒動、そして因幡国鹿野へ

寛永十年(一六三三)、輝澄は江戸への参勤途中に病に倒れて、それ以後は江戸住まいとなり、国元の山崎では上席家老の伊木伊織が藩政に当たりました。

このときの様子として、こんな話が伝わっています。三代将軍家光から輝澄に「駿府城に押し込められていた自分の弟の忠長《ただなが》が亡くなったので、参勤交代の途中で輝澄を駿府城主として三十万石ぐらいで抱えてもいい」という御内書《ごないしょ》(命令書)が届いたそうです。忠長は家光の競争相手とされていた人でした。それで輝澄は、駿府城主になれるかもしれないと行列用の槍や刀を新調して参勤交代に出かけていきます。安倍川辺りで大雨が降ったとき、駕籠の後ろから来る後弓《あとゆみ》という弓隊の一人の者の手から弓が落ち、それが川に沈んでしまいました。輝澄は躁うつ気味であったともいわれますが、非常に悔やみ、大騒ぎになったそうです。明くる朝海のほうまで捜しに行って、やっと弓を拾い上げ、行軍を再開して江戸に着きますが、輝澄は頭が

どうにかなったのか、城には行かず、江戸屋敷に籠もるようになってしまいました。

地元の在所では、先ほど話したように、新しい家臣と古い家臣との権力の張り合いがあって、大激論になり、林田藩主・建部政長《たけべまさなが》が仲裁に入りましたがうまく収まらず、寛永十七年、伊木伊織と物頭十一人が、家族ともども百人ぐらいで脱藩して出て行きました。

そこで江戸の輝澄は、国元の管理不行き届きの罪が厳しく問われて領地没収、御家は改易（取り潰し）、甥の鳥取藩主池田光仲に預けられ、家族を養うための堪忍料一万石を与えられて、妻の天正院《てんしょういん》や子どもの政直とともに因幡国鹿野（鳥取市鹿野町）に蟄居させられることとなりました。光仲は寛永七年生まれ、同九年に鳥取藩主に就いたばかりで、かつては輝澄が光仲の後見役を務めたこともありました。脱藩した伊木伊織と物頭十一人は父子ともに切腹となり、新しい家老小河四郎右衛門らは遠くの大名にお預けとなりました。輝澄の側近で儒者の菅友伯は自分に都合のいい偽の文書を作っていたことが明らかになり、切腹より重い斬罪に処されました。この一連の事件を「池田騒動」といいます。

鹿野へ移った輝澄は、仏門に入って石入《せきにゅう》と号し、屋敷を旧鹿野城の麓、現在の光輪寺《こうりんじ》に構え、絵を描いたり、自分で枯山水の庭園をつくったりして、自由に暮らしたといわれます。庭園は今でも残っていますし、輝澄が描いた絵もあるそうです。鹿野の町に行って輝澄のことを伺うと、「鹿野の人は皆、輝澄さんが大好きなんです」とおっしゃいます。「石入さん」で話が通じるほどです。輝澄と光仲公が東郷湖（鳥取県東伯郡湯梨浜町）で舟遊びをしたときに大きな声で言い争いをしたとか、地域の住民は輝澄のことを流されてきた罪人だとは誰も思っておらず、新しい殿様が来たぐらいに思っている人もいたようだ、という話が伝わっているそうです。

寛文二年（一六六二）、輝澄は二十二年住んだ鹿野で亡くなりました。法名は「大雲院殿一関徹心大居士」です。

◎——政直、赦されて福本藩立藩へ

輝澄・政直親子が鹿野に流されてから十八年後、家康公や秀忠公の何回忌かの法要のときに、大赦で政直が江戸に戻ることが許されました。江戸では、身分的には大名の嫡男ですから将来の御家再興後、地方の大名になるべく教育を受けたようです。寛文二年（一六六二）に輝澄が鹿野で亡くなると、政直（一六三四〜六六）が跡を継ぎ、因幡国の堪忍料一万石を、播磨国神東《じんとう》郡・神西《じんさい》郡・印南《いんなみ》郡の内へ所替えとされ、翌寛文三年、神東郡福本の地に福本藩一万石を立てることとなりました。こうして徳川家康の血を引く池田氏がふたたび大名となりました。

なぜ神崎郡の北部、福本に藩ができたのでしょうか。当時、生野銀山から出た銀を毎年、大坂城の金蔵《かねぐら》に年間三回から四回、運んでいました。年間七百貫や八百貫です。大坂城の金蔵に納めるときには検品があります。生野を出立して大坂城の金蔵で検査を受けて納品して、また生野に帰るのに十二日間かかりますが、その道中が毎年、三、四回繰り返されていました。盗賊が来てもいけませんので道中の格式は十万石の大名並みに扱うことになっていて、行列が通りすぎるときは、道端にうずくまって顔を上げないということがあったそうです。神河町の大庄屋の日記を解読していくと、「粟鹿《あわが》の宿場に銀を運ぶ行列が来て人がそこで替わる、馬もつなぎ替えることをやっていて、それが粟鹿の馬といわれた所以だ」とあります。そういうこともあって、神崎郡の北部は幕府にとっては非常に重要なところでした。

福本藩が来る前、福本を治めていたのは鳥取藩で、神崎郡北部の一万石ぐらいの福本で取れた年貢を船に積んで大坂に送るには、いくら小さい藩でも港を一つ持っておかなければならず、高砂の曽根に代官所を置いていました。そのあとをそっくりいただいて、神崎郡北部三十五カ村と印南郡曽根村で福本藩ができたわけです。

そして現在の福本を中心にしたところに陣屋ができました。兵庫県には小大名から大きな大名まで十八から二十ぐらいの陣屋などがあり、庭園をつくっていたところも多くありましたが、いま残っているのはここだけで、希少価値の高い庭園です。池田家の菩提寺も建てられ、輝澄の法名から「一関山徹心寺《いっかんさん》」と名づけられました。

政直は跡継ぎのないまま寛文五年に亡くなり、福本藩一万石は弟の政武(一六四九~八七)

が七千石を継ぎ、政済《まさなり》（一六四一〜九七）が三千石で屋形分家を立て、交代寄合（参勤交代の義務のある旗本）となりました。貞享四年（一六八七）に政武が亡くなると、跡継ぎの政森（一六八二〜一七一九）が六千石を継ぎ、次男の政親《まさちか》（一六八四〜一七五二）が一千石で吉富分家を立てました。慶応四年（一八六八）、七代喜通《よしみち》（一八二八〜六八）のとき、高直しと鳥取藩蔵米分与で一万石を超えふたたび立藩しましたが、その後鳥取藩に合併、明治維新を迎えることとなりました。

この間の福本藩のことは、元禄十二年（一六九九）、片岡醇徳《じゅんとく》（号・篠丸山人）が宍粟で書いた『播州宍粟郡守令《しゅれい》交代記』（山崎郷土研究会により一九九四年復刊）に詳しく書かれています。この本や、「諸事《しょじ》集書《あつめがき》」などの福本藩関係の古文書を見ていると、小さいながら務めはきっちりやっているという意気込みが見えるようなものが目立ちます。

嘉永六年（一八五三）、アメリカのペリーが軍艦四隻を率いて浦賀に来航して開国を求めると、幕府からいくつかの藩に江戸湾警護の役目が出され、鳥取藩には横浜の本牧の警衛が命じられました。鳥取藩からは千二百人ぐらいが行きましたが、そこに福本藩はなんと百名しかいないところ一二六名も出すのです。それは「お借《かり》」といって一日いくらで来てもらう人です。古文書に「お借の者まで無事に帰れた」というようなことで、ときどき出てきます。

その後の第一次長州征伐（一八六四年）、第二次長州征伐（一八六六年）では、鳥取藩に「先頭で戦うから連れて行ってくれ」と頼みます。当時の鳥取藩主は水戸藩から養子に来た池田慶徳《よしのり》で、徳川慶喜の異母兄です。そのときは鳥取藩から「長州攻めはやめておけ」と言われましたが、福本藩は幕府にじかに掛け合ったみたいで、その結果幕府が斡旋して鳥取藩の先手《さきて》として長州攻めに加わりました。

◎——安積文書に見る池田輝澄家と安積氏の交流

最後に「安積《あずみ》文書」の話をしておきます。そのなかに、池田輝澄が山崎藩主時代の寛永十年（一六三三）に安積彦兵衛に出した、安積のかまえ村、一宮町曲里《まがり》のほか合わせて三百五十石の所領を与える旨の書状があります。安積氏は一宮町東安積地区を本拠とする中世以来の郷士（地域の武士）です。ここから輝澄と安積氏のつきあいが始まったようです。

兵庫県立歴史博物館に安積氏の文書が展示されたときに見に行くと、福本藩四代目藩主・喜以《よしもち》（一七一二～八六）が安積氏に出した「新年の挨拶に使者を寄越してもらって大変ありがとうございました」という礼状がありました。輝澄が亡くなってからずいぶん経った時期ですが、年始の挨拶に安積氏は毎年、宍粟郡一宮から神東郡福本藩の陣屋まで使者を立てて手紙を持って行くというおつきあいをしている、それに対して池田氏もいちいち御礼の手紙を書いてこれもまた使者に持たせている、そういうことにびっくりしました。「こういう間柄というのはどういうことでしょう」と博物館の担当のかたにお聞きしたところ、「福本藩池田氏には山崎藩祖輝澄のころから大変お世話になり、我々はその御恩を決して忘れていません、という意思表示でしょう」ということで、なるほどと思いました。二代目政武から六代目喜長《よしなが》までずっと手紙のやり取りがしっかり残されているということです。

林田藩主・建部政長

宇那木　隆司

◎――林田の里 ―追憶の藩祖政長―

今は鴨池と呼ばれる西池のほとりに「林田西池碑」がひっそりと佇んでいます。元和三年（一六一七）建部政長の林田就封から二百年の慶事にあたり、藩祖政長の業績を後世に伝えるため文化十三年（一八一六）林田藩儒員石野鄰郷の撰文・書で建てられました。

自得と号した藩祖政長は大坂の役の功績で家康から尼崎一万石の大名に取り立てられ、林田に転封されるとしばしば領内を視察して民情と病独に心を砕き、構村の地が高く水不足の困苦を知り、西池を築き貴船山麓から水路を築いて林田川の水を西池に引きその困苦を除いたことなどを記しています。池の造築は寛永二十一年（一六四四）のことであったとみられます（出口隆一『林田の歴史』）。

碑文は三代松厳公政宇が西池の上《かみ》を開いて発興亭（別邸西屋敷）

林田西池（鴨池）碑

西池に映える琵琶山

林田八景画賛（紙本墨画タテ 82.3 ×ヨコ 134.2 姫路市教委文化財課蔵）

を造作したことも記しており、そこからの眺めは琵琶山が池面に映え、「むらさめの　波ちはるかに　くもすきて　月かけ清し　ひはの山もと」と詠まれた「琵琶山夜月」として林田八景に数えられました。

林田八景は藩の掛屋高梨職邦が「さわかしき市のちまた」（因幡街道沿いの市場町）にあって思いを山松の高きによせ、心を真清水の流れに寄せて林田の里の写し絵を書かせて林田八景と名付けたとあり、文化十二年（一八一五）八代藩主となった建部政醇の時代のことです。政醇自身この心情に限りなく共感し、賛を添えた「林田八景画賛」をつれづれに見ることを何にもまして楽しみとしました。琵琶山（鴨池東南）の夜月、貴船（祝田神社）の紅葉、三幡川（林田川）の蛍、月輪山（道林寺）の鹿鳴、仏が嶽（六九谷の西の山）の雪朝、八幡山（八幡神社の北の山）の郭公、佐見山（奥佐見の北の山）の朝霧、そして陣屋の置かれた聖岡《ひじりがおか》の春望。林田八景に藩祖政長への追憶が増さなかったとは言えないでしょう。

文化十年（一八一三）藩祖政長は建部家中興の祖として陣屋聖岡の東端に祠を建てて祀られています（明治十二年（一八七九）社号建部神社）。

◎――建部氏の出身 ―激動の時代の近江―

建部氏は宇多源氏佐々木氏の庶流で近江国建部庄が苗字の地とみられ、箕作城にあって建部近郷数カ所を領していたとされます（寛政重修諸家譜）。建部庄は現東近江市の旧五個荘町から旧八日市市にわたる庄園（荘園）で、大治三年（一一二八）に近江国一宮建部社の社領として立庄、建部庄から上納する院用米三百石が元暦年間（一一八四〜八五）に日吉社に寄進されたことを背景に文治二年（一一八六）に至り建部庄は建部社と日吉社で中分され、室町時代に至ると建部庄内に一部権益を得た五山の天龍寺も現地に介入してきます。

建部庄の立地は東山道と近江・伊勢をつなぐ八風道の交錯地点で、伊勢方面に商圏をもつ四本商人や若狭方面に商圏をもつ五箇商人の活動がみられる交通の要衝であり、建部氏も商業交易に関わっていたことが十分想定され、のちに織田・豊臣政権下での代官（郡代）、吏僚型奉行としての活躍の素地を形成していたと思われます。

戦国時代に至ると近江守護佐々木六角氏が建部庄近郊の観音寺城を本拠とし建部庄域の箕作城は支城とされました。永禄十一年（一五六八）織田信長が観音寺城・箕作城を落城させたとき、箕作城を守っていたのは吉田重高・新助、建部源八郎とあり（信長公記）、建部一族も佐々木六角氏の滅亡に大きな影響を蒙ったと考えられます。

◎――祖父・建部寿徳――信長・秀吉に仕えた「ふるつはもの（古兵）」――

政長の祖父、建部寿徳は一豊、高光また与八郎秀栄といい、号を寿徳（寿得）、また寿徳軒と称し、若い頃より法体で入道と称していたようです。天文三年（一五三四）に近江国神崎郡建部村に出生、兄秀直の敵討ちで豪勇を知られ、信長に召し抱えられて近江守山五百石を知行、織田一門で信長の黒縨衆であった中川重政の代官となりました。重政は永禄十三年（一五七〇）に安土城主となりましたが、領地が近接する柴田勝家と対立して改易され、その後寿徳は元亀二年（一五七一）佐和山城主となった丹羽長秀の代官となり郷村支配を担当しました。蛭谷・箕川（現東近江市永源寺町）の百姓中に数年にわたる戦乱で逼迫している子細を長秀に報告するという書状が残されています（近江愛知郡志）。

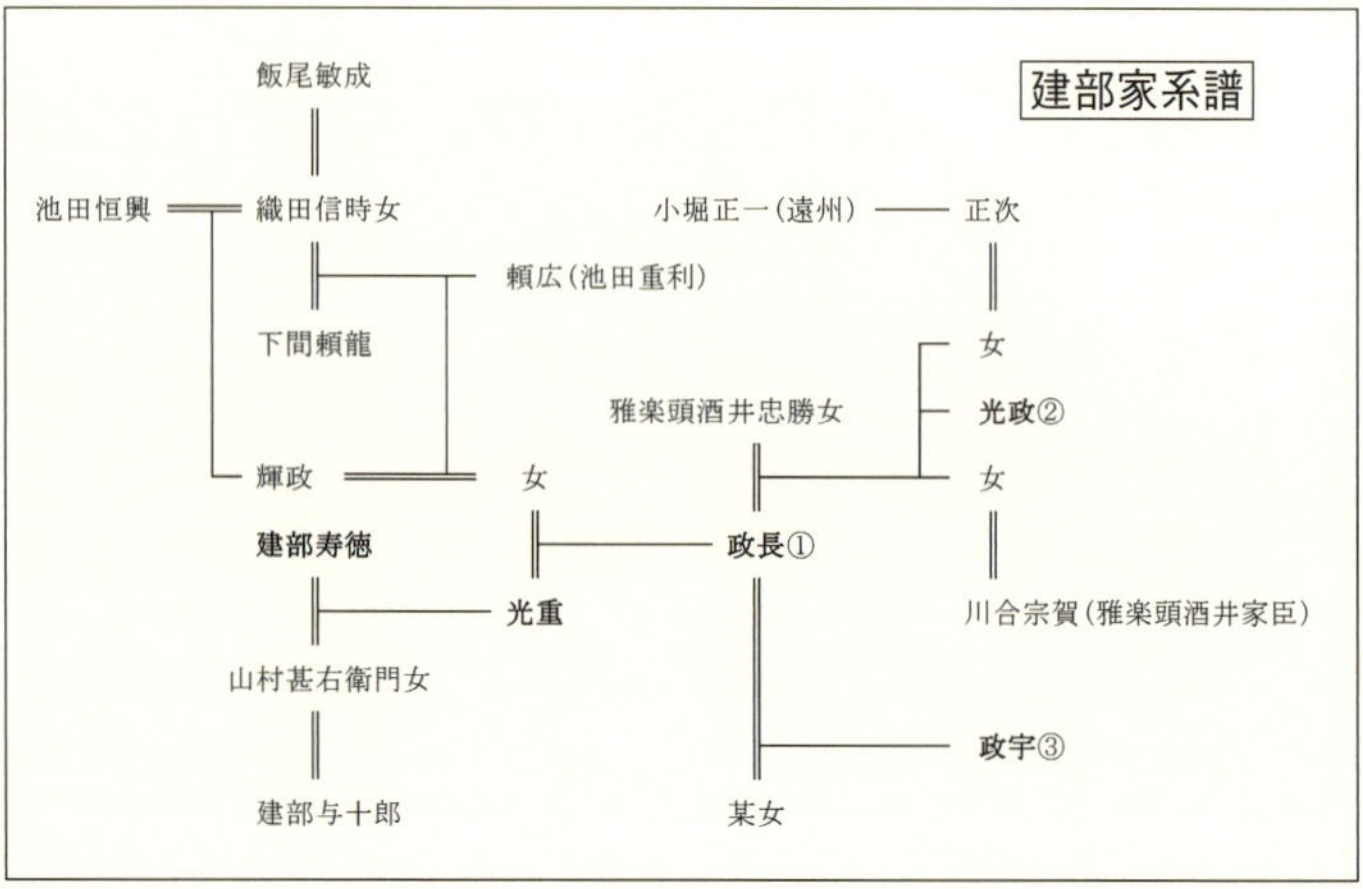

天正三年（一五七五）丹羽長秀が信長より若狭一国を与えられると寿徳は小浜で代官となりました。旧若狭守護武田氏の家臣であった白井勝胤に加茂庄（現小浜市加茂）内の気比神宮御砂持神事の去年分公物を受取ることを長秀から申し付けられたので厳重に命じるという書状があり、寿徳軒一豊と署名しています（福井県史資料編2）。

天正十年（一五八二）の本能寺の変後、長秀は秀吉に従い、天正十一年四月の賤ヶ岳の戦い後に若狭・越前と加賀二郡を与えられましたが、寿徳は同年七月に秀吉から若狭国遠敷郡若狭浦二百十六石を与えられ（源喜堂古文書目録）、小浜にあって長秀の代官から秀吉の代官になったとみられます。

賤ヶ岳の戦い後、大坂に権力をおく秀吉は摂津国の蔵入地化を進め、天正八年（一五八〇）荒木村重の乱後、摂津国内の最大勢力となった池田氏を天正十一年（一五八三）に美濃に転封、尼崎城の池田輝政も安八郡池尻（現岐阜県大垣市）に移りました。代わって秀吉の甥三好秀次が尼崎城主となるも天正十三年（一五八五）に近江国転封となり、摂津国の大半が秀吉蔵入地とされ、寿徳は尼崎城で摂津国内三万石の蔵入地代官となりました。新井白石は寿徳が胆力があるので兵糧（軍需物資）の海陸輸送の多くを秀吉から命じられたと記しており（藩翰譜）、要衝の地尼崎に配置されたのも物資調達と輸送を担当するためだったといえます。

天正十五年（一五八七）九州島津征討にあたっては、三十七ケ国二十万余の軍勢動員となり、寿徳は小西隆佐らとともに三十万人分の兵糧と馬二万頭の飼料を一年分調達し輸送を行いました。『太閤記』は「下奉行」が各国蔵入地から兵庫・尼崎に物資を輸送、「下行あるべき奉行」の小西隆佐や建部寿徳が物資調達と九州輸送、石田三成・大谷吉継・長束正家が「御扶持方渡し奉行」として動員軍勢への兵糧支給にあたったことが記されています。

また朝鮮出兵に際しては天正十九年（一五九一）の「名護屋旅館御作事衆」として山里局五間十五間の作事を担当しています。「普請」は土木工事をさすのに対し、作事は造営・修理など建築工事をさします（日葡辞書）。翌天正二十年には明国使節の饗応が徳川家康と前田利家に命ぜられ、寿徳は浅野長政・小西如清（隆佐長男）・太田和泉守・江州観音寺とともに十日間ずつ饗応を担当、饗応費用はそれぞれ代官をしている蔵入地の収納を充てることとされました（家康と利家は在陣衆の軍役負担として饗応）。

さらに文禄三年（一五九四）には長束正家・小堀正次（遠州正一男）らとともに越前国と加賀江沼郡の検地奉行も務めるなど、建部寿徳は知行はわずか五百石とも七百石（信長から与えられたという守山五百石に秀吉から若狭で与えられた二百十六石を合わせると七百十六石）とも伝わりますが、要衝尼崎にあって太閤蔵入地三万石を管轄する代官として、また兵糧調達・輸送、作事、検地などを担当する吏僚型の奉行として豊臣の公儀体制を支え、関ヶ原の戦い後は豊臣・徳川二重公儀体制のもと、慶長十二年（一六〇七）尼崎に七十二歳の寿命を終えました。

「台徳院殿御実記」は建部寿徳が激動の織田・豊臣時代を生き延びた「ふるつはもの」と記しています。昭和十六年に刊行された『京都古銘聚記』は天正十六年（一五八八）に寿徳が寄進した平等院鉄釜を収録しており、いずれも陽刻で蓋表面に六字名号、胴周に「奉寄進平等院寿徳敬白　天正十六年戊子七月十五日」とあります。同年閏五月に尼崎の法園寺で「このころの 厄妄想を 入れ置きし 鉄鉢袋 今破るなり」の辞世の句を残して切腹させられた佐々成政の供養か、平等院の作事（修理等）に伴う寄進か、若年より法体であった寿徳の信心か、いずれにせよ数少ない寿徳の遺品です。

◎——父・建部光重 ——豊臣の家臣として生きた早熟の目利き——

政長の父、建部光重は天正六年（一五七八）若狭国小浜に出生、母は山村甚右衛門女で寿徳が死去した後、遠縁にあたる建部与十郎に嫁したとあります。与十郎は大坂の役に際し重要な役割を果たすことになります。

光重は天正十九年（一五九一）秀吉の小姓となり大坂城に居住、慶長三年（一五九八）秀吉死没後は秀頼の近習となりました。慶長五年の関ヶ原戦役に際し光重は大坂方催促により西軍に属して伊勢安濃津城に東軍方の富田知信を攻めましたが、戦後、罪を問われず本領を安堵されています。光重の後室が家康の娘婿、池田輝政の養女であったことから輝政の嘆願による不問と伝えられています。

輝政養女の実父は本願寺坊官下間頼龍、実母は信長の姪（弟信時の娘）、実母信時女は輝政父恒興の養女になりましたから輝政とは兄姉になります。当初飯尾敏成の室となりましたが敏成が本能寺の変で信忠とともに二条城で討死したのち下間頼龍に再嫁しました。兄の頼広は本願寺門主との対立で輝政から一族として三千石で召し抱えられ池田重利と改名しますが、この時の因縁で播磨国主となった輝政が播磨の東本願寺派寺院を弾圧することになります。

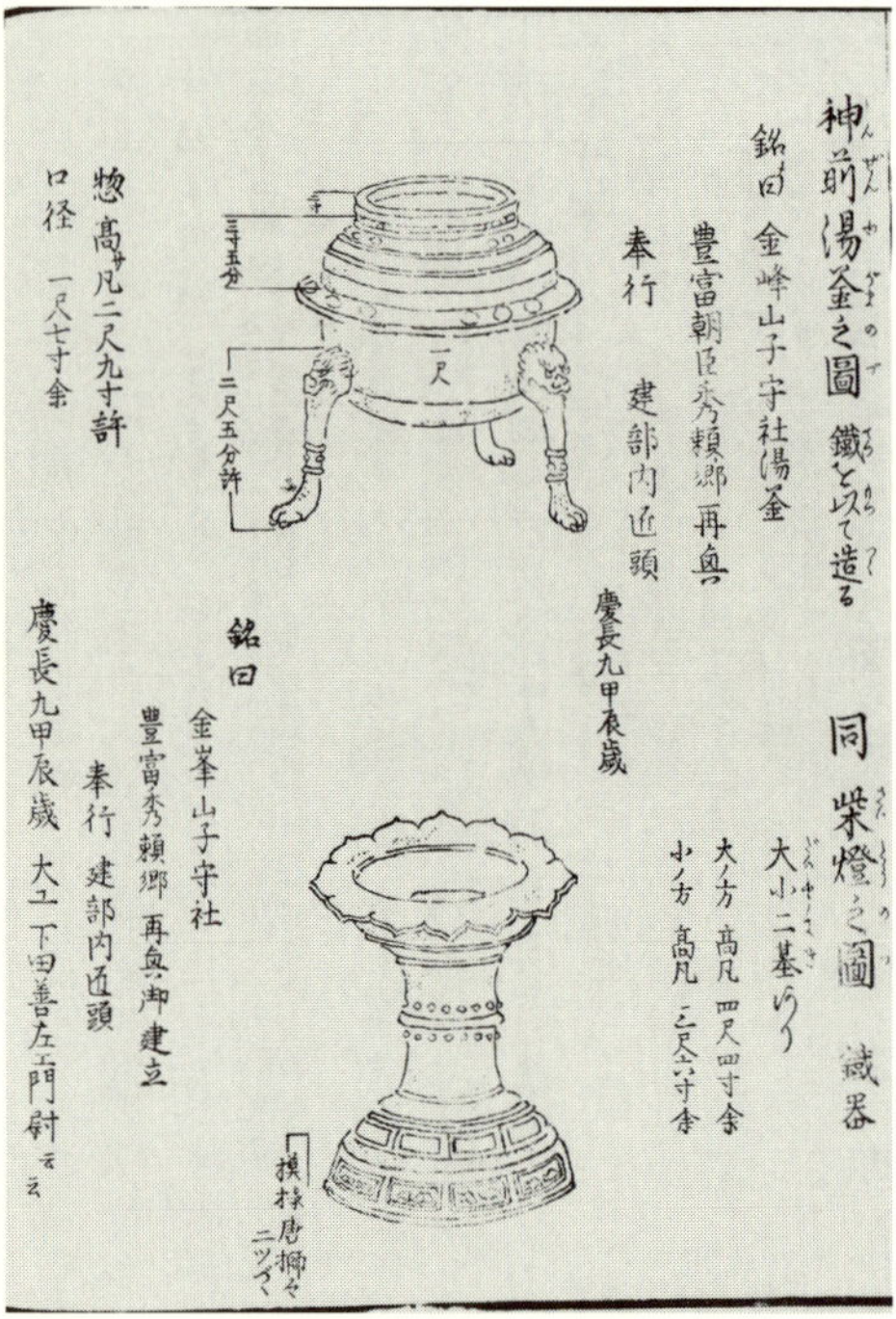

「西国三十三所名所図会」巻九　金峯山子守社神前湯釜図・同柴燈図

さて、光重は秀吉小姓であった文禄三年（一五九四）吉野山花見の際に弱冠十六歳で茶屋設営場所の見繕いを滞りなく務め、秀頼近習となってからは関ヶ原の戦い後も寺社造営の奉行として鞍馬、醍醐、吉野山などの再建・造営を担当しており、寿徳が秀吉政権下で務めていた作事の奉行を継承していることがわかります。

さらに光重は刀剣や小道具の目利き（鑑定）で細川幽斎の弟子として名高く（新井白石は「藩翰譜」で光重が幽斎に鑑刀を伝え当時無双の名を得たと記しています）、本阿弥光悦は優れた道具の目利きの際は光重に相談に来ていたことも記されています（建部系譜）。作事は建造物だけでなく建造物の様々な装備を行う室礼《しつらい》が求められますから、諸道具の調達・装備から目利きの才芸が涵養されたものと想定され、幽斎や光悦とのエピソードが事実であれば当代一流ということになります。嘉永六年（一八五三）板行「西国三十三所名所図絵」は金峯山子守社（現吉野水分神社）の神前湯釜と柴燈の図及び銘文「豊富（臣）朝臣秀頼卿再興建立　奉行建部内匠頭　慶長九甲辰歳（一六〇四）」を掲げているように、光重の作事と諸道具の誂えは後世に残る高い水準であったと思われます。

慶長八年（一六〇三）家康は征夷大将軍・右大臣となり、大坂の豊臣と徳川の二重公儀といわれる体制となりますが、光重は寿徳死没の翌慶長十三年（一六〇八）、豊臣家から家督相続を認められ、諸大夫成《しょたいふなり》といわれる従五位下内匠頭に叙任、本領と要衝尼崎三万石の豊臣家蔵入地の代官を継承しました。しかし、家督相続からわずか二年、慶長十五年（一六一〇）五月に三十三歳で尼崎に病没します。「台徳院殿御実記」は慶長十五年六月二日条に「このごろ疫病はれ病死のもの多し」と記しています。

◎──建部政長 ─家康の恩義に応えた少年─

豊臣家の家臣として寺社修復奉行を務め、大坂衆と呼ばれていた父光重が慶長十五年（一六一〇）三十三歳で病没したとき三十郎政長はわずか八歳。大坂近郊の要衝尼崎の豊臣家蔵入地代官を幼少の者に継承させることにはさすがの豊臣家も躊躇したようです。跡式相続を認めず蔵入地代官没収の話しが大坂から聞こえてくると、政長の母から跡式相続の願いを受けた養父輝政は大御所家康と将軍秀忠に願いあげ、徳川方より豊臣方の片桐且元に跡式相続ができるよう「御取成し」があって相続が認められることになりました。母と政長は駿府・江戸、そして大坂に御礼言上に伺いましたが、その際家康との会談で幼少の政長に母の兄池田重利を後見にすることとなり、重利の主君輝政も承諾して重利を尼崎に派遣しました。家康はさらに北条氏直の家臣から家康の家臣になっていたとみられる建部与十郎という「軍道巧者」（兵法に長けた者）が建部家の遠縁にあたることから尼崎に派遣し池田重利とともに万端指図を行いました。「建部家譜」には祖父寿徳の室で光重の母、山村甚右衛門女は寿徳死没後に与十郎に嫁したと記していますから政長の大叔父にあたります。

慶長十九年（一六一四）豊臣の公儀と徳川の公儀の協調がついに破綻を迎え大坂の役の勃発となります。このとき与十郎は建部政長の跡式相続が徳川家のおかげであり徳川方に味方すべきことを説き、さらに代官支配地三万石の村々の庄屋・年寄を尼崎に集めて跡式相続の際の徳川への恩義を申し聞かせ、徳川方に味方して尼崎に籠城することを宣言、庄屋・年寄は豊臣家蔵入地の村々の庄屋・年寄ですから彼らの妻子を人質にとって大坂より攻められた際は村々が後詰めとして味方することを約束させました。

豊臣家蔵入地代官として大坂衆の一員であった建部家は、ここに大坂衆を離脱して徳川方となったわけですが、このことは大坂方にとって極めて大きな痛手でした。尼崎は当時最大の物資流通、人の往来であった瀬戸内水上交通の喉元を扼する地であり兵站基地でもありました。本領わずか五百石（または七百石）の建部家の家臣で要衝尼崎を守備することは到底不可能ですから、母方親類の池田利隆と忠継（輝政の子息たち）の大勢の兵を加勢に加えたので、代官所の兵糧米を差し出すように迫る大坂方も尼崎を攻めることはありませんでした。徳川方は大坂への海上・水上の経済封鎖を行い、さらに大坂攻めに着陣した家康は家臣松平忠利を尼崎に加勢させ、二重三重の尼崎防備、西国と大坂通路の閉鎖、経済封鎖の手立てをつくしています。

元和元年（一六一五）夏の陣では家康は政長の弟光延を二条城に人質にとり、家臣内藤政信を尼崎に派遣して政長の籠城を支援しています。大坂城がついに落城したのち二条城に召し出された政長に対し、家康は恩賞として元和元年七月二十一日付けで摂津国川辺郡に五千三百八十五石余、欠郡《かけぐん》に四千六百十四石余、都合一万石の知行地（領地）を与えました。小身ながら豊臣家蔵入地の村々から人質を取って堅固に籠城したこと、代官所兵糧米を大坂方に渡さなかったことなどから家康一生のうち唯一の「弐拾双倍ノ加増」という御感賞御加恩を受け、本領五百石から二十倍、一万石の知行地をもつ大名に取り立てられることになりました。

天正十九年（一五九一）の年紀をもつ「摂津一国高改帳」は元和二年（一六一六）頃、もしくは元和三年（一六一七）と推定されており（『地域史研究』第8巻第3号）、大坂の役後の摂津国内の領主と村高が示されているとみられます。この「高改帳」をみると建部三十郎政長は川辺郡に五千六百三十四石八斗七升六合、西成郡（欠郡）に三千七百九十一石八升五合、あわせて九千四百二十五石九斗六升の知行地があり、元和元年の家康黒印状による知行宛行と石高に相違がでています。三十郎政長はさらに川辺郡内の幕府蔵入地預りとして七千八百二十石五斗一升八合を代官地としています。一方、建部与十郎は川辺郡と武庫郡内の幕府蔵入地一万九千九百七十四石二斗八升を代官地としていることがわかり、三十郎政長と与十郎の代官地を合わせると二万七千七百九十五石二斗八升八合となっています。三十郎政長の豊臣家蔵入地三万石の代官地は大坂の役後に幕府蔵入地となり、三十郎政長と与十郎に代官地支配を分割したものと思われます。摂津国内の幕府蔵入地のうち三十郎政長の代官地は二三・三％ですが、与十郎の代官地は五四・四％を占め、大坂の役以前から徳川家代官であったとみられる建部与十郎が尼崎に政長の後見役として派遣されていることからも幕府の摂津国支配の要であったのは建部与十郎であったと思われます。

元和三年（一六一七）六月、姫路国主であった池田光政が幼少であることから因幡鳥取に転封となったあと、同年九月十一日付け秀忠朱印状により三十郎政長は揖東郡二十五ケ村、都合一万石が与えられ林田に陣屋を構えることになります。大坂の役後摂津一万石の大名に取り立

林田藩陣屋跡聖岡遠望（北より臨む）

てられた伯父池田重政も新宮に転封され陣屋を構えます。建部家は寿徳、光重、政長の三代にわたり豊臣家の家臣でしたが、政長の代に池田家一族として徳川家に帰属し大坂の役の戦功で大名に取り立てられました。建部家の家紋は「市女笠」でしたが、池田家一族として大名成《だいみょうなり》するにあたり、池田家の揚羽蝶の家紋にならい向揚羽を家紋にしたとみられ、江戸時代の武鑑は向揚羽と市女笠を建部家家紋としています。元和五年（一六一九）福島正則が除封の際、池田忠雄に広島城接収が命ぜられると、大坂の役の際に忠雄の兄忠継（いずれも家康娘督姫と輝政の間に生まれた子）の加勢に報いんがため、たってての願いをだして七百余人の兵を引き連れ広島に向かいました。一万石で七百人余の動員は分限を越えた動員であり、政長は恩義に報いるため精一杯の動員を行ったものでしょう。

政長は転封の翌年、戸田氏鉄に与えられた尼崎の地に新城築城の普請を命ぜられ、翌元和四年（一六一八）には明石新城奉行、寛永十三年（一六三六）には江戸城惣郭営造役を命ぜられますが、寿徳、光重のように作事の奉行ではなく軍役としての普請役とみられることから、幼少で父を失った政長には作事と室礼のノウハウがうまく継承されなかったのかもしれません。しかし、いわゆる外様大名でありながら幕府大老酒井雅楽頭忠勝の娘を室としていることに幕府の建部家に対する処遇は厚く、政長は寛文印地の際に武家官位制による従五位下丹波守に叙任しています。政長は寛文七年（一六六七）家督を長子光延に譲って隠居し自得と号し、寛文十二年（一六七二）七十歳の生涯を閉じます。

二代光政は家督相続二年にして三十二歳で病没、五男政宇《まさいえ》が三代藩主になり従五位下内匠頭に叙任、伏見奉行に就任して大和・播磨両国の幕府蔵入地七万石を預り、のち寺社奉行を務めてさらに五千石の蔵入地を預りました。寛永六年（一六二九）禁裏造営の奉行に就任していることから建部家の作事・室礼は政宇のときに復興できたのではないかと思われます。

なお政長室（忠勝の娘）の子は小堀遠州の嫡男正次の室、酒井雅楽頭家の家臣川合宗賀《かわいむねよし》の室になります。ちなみに姫路藩政改革を断行した河合寸翁は宗賀六代の子孫にあたります。

表1 「天正19年（1591）摂津一国高改帳」元和3年（1617）にみる建部家知行地・預り地高

「地域史研究」8巻3号収録より作成

1. 建部三十郎(政長)預り地の石高　7,820石7斗6升8合

建部三十郎預り	川辺郡	山本村	1,259,250
建部三十郎預り	川辺郡	安久良村	1,233,430
建部三十郎預り	川辺郡	久知(久々知)	1,165,000
建部三十郎預り	川辺郡	岡陰村	181,150
建部三十郎預り	川辺郡	瓦宮村	225,590
建部三十郎預り	川辺郡	小中島村	426,994
建部三十郎預り	川辺郡	田中村	202,679
建部三十郎預り	川辺郡	塚口村	1,141,655
建部三十郎預り	川辺郡	北(小)戸庄村	1,691,960
建部三十郎預り	川辺郡	万陀羅寺村	293,060
建部三十郎預り地の石高合計			**7,820,768**

2. 建部三十郎(政長)知行地の石高　9,425石9斗6升

建部三十郎知行	川辺郡	生島村	1,833,400
建部三十郎知行	川辺郡	東難波	1,026,823
建部三十郎知行	川辺郡	尼崎	300,000
建部三十郎知行	川辺郡	長洲村之内	1,486,984
建部三十郎知行	川辺郡	別所村	553,010
建部三十郎知行	川辺郡	西(穴)太村	228,939
建部三十郎知行	川辺郡	今福村	205,720
建部三十郎知行	西成郡	三番村(相給)	608,684
建部三十郎知行	西成郡	宮原	457,440
建部三十郎知行	西成郡	芝島村(相給)	318,520
建部三十郎知行	西成郡	江口村	527,250
建部三十郎知行	西成郡	宮原(相給)	633,350
建部三十郎知行	西成郡	平田・野条・野田・高間	1,245,840
建部三十郎知行地の石高合計			**9,425,960**

3. 建部与十郎預り地の石高　1万9,974石5斗1升8合

建部与十郎預り	川辺郡	中山寺村	140,870
建部与十郎預り	川辺郡	万願寺村	32,760
建部与十郎預り	川辺郡	寺畑村	99,460
建部与十郎預り	川辺郡	米谷之内	200,000
建部与十郎預り	川辺郡	下食満村	297,710
建部与十郎預り	川辺郡	上食満村	145,072
建部与十郎預り	川辺郡	塩江村之内	300,063
建部与十郎預り	川辺郡	久代村	528,679
建部与十郎預り	川辺郡	ぬか田村	34,500
建部与十郎預り	川辺郡	賀茂村	538,970
建部与十郎預り	川辺郡	水堂之内	369,725
建部与十郎預り	川辺郡	猪名寺村	422,320
建部与十郎預り	川辺郡	安場村	26,185
建部与十郎預り	川辺郡	中食満村	299,000
建部与十郎預り	川辺郡	岩屋村	380,100
建部与十郎預り	川辺郡	北村・いもし村・辻村・伊丹坂村	682,500
建部与十郎預り	川辺郡	善法寺村之内	184,200
建部与十郎預り	川辺郡	清水村之内	285,0
建部与十郎預り	川辺郡	西川村	204,
建部与十郎預り	川辺郡	若王子村内	406,3
建部与十郎預り	川辺郡	中村	441,1
建部与十郎預り	川辺郡	下河原村	209,5
建部与十郎預り	川辺郡	戸之内村	766,3
建部与十郎預り	川辺郡	神崎村	326,5
建部与十郎預り	川辺郡	田能村	437,3
建部与十郎預り	川辺郡	川田村	28,6
建部与十郎預り	川辺郡	西桑津村	494,6
建部与十郎預り	川辺郡	東桑津村	355,6
建部与十郎預り	川辺郡	法界寺村	255,
建部与十郎預り	川辺郡	御願塚之内	81,4
建部与十郎預り	川辺郡	椎堂村	359,0
建部与十郎預り	川辺郡	天津北河原村	325,3
建部与十郎預り	川辺郡	堺村	234,9
建部与十郎預り	川辺郡	伊丹村	1,890,5
建部与十郎預り	武庫郡	川面村	255,5
建部与十郎預り	武庫郡	川面村	57,1
建部与十郎預り	武庫郡	いそし村	143,2
建部与十郎預り	武庫郡	大方(市)村	819,5
建部与十郎預り	武庫郡	高木村	774,2
建部与十郎預り	武庫郡	養間(田)村(西武庫村)	152,5
建部与十郎預り	武庫郡	武庫村	185,1
建部与十郎預り	武庫郡	西富松村	191,7
建部与十郎預り	武庫郡	武庫庄	222,0
建部与十郎預り	武庫郡	西新田村	447,4
建部与十郎預り	武庫郡	東新田村	285,8
建部与十郎預り	武庫郡	今津村	233,2
建部与十郎預り	武庫郡	西大島村	256,5
建部与十郎預り	武庫郡	神尼(尾)村之内	67,7
建部与十郎預り	武庫郡	今北村	451,6
建部与十郎預り	武庫郡	生津村	267,5
建部与十郎預り	武庫郡	浜田村	533,2
建部与十郎預り	武庫郡	東大島村	305,4
建部与十郎預り	武庫郡	鳴尾之内 小曽禰村	134,7
建部与十郎預り	武庫郡	鳴尾之内 小松村	603,4
建部与十郎預り	武庫郡	上 尾林村	764,0
建部与十郎預り	武庫郡	下 津戸村	1,037,8
建部与十郎預り地の石高合計			**27,795,2**

2. 建部三十郎知行地	**9,425石9斗6升**

1. 建部三十郎預り地	**7,820石7斗6升8合**
3. 建部与十郎預り地	**19,974石5斗1升8合**
建部氏預り地合計	**27,795石2斗8升6合**

播磨の豪将・後藤又兵衛

北川 央

◎――後藤又兵衛の大坂城入城

後藤又兵衛（一五六〇?～一六一五）は播磨の出身で、父新右衛門は南山田城主（姫路市山田町南山田）であったと伝えられます。早くに父を亡くした又兵衛は、黒田官兵衛孝高のもとで我が子同然に養育され、やがて黒田家の重臣となりました。関ヶ原合戦の後、黒田長政が筑前・福岡の太守になると、又兵衛は領内の大隈《おおくま》（現在の福岡県嘉麻《かま》市）で一万石を領する大名級の重臣となりました。ところが慶長十一年（一六〇六）、又兵衛は主君長政と不和になって黒田家を出奔し、筑前国を脱出して故郷播磨に戻りました。そして慶長十九年、大坂冬の陣を迎えることとなります。

南山田城跡（姫路市山田町南山田）

慶長十九年七月、京都・東山では豊臣秀頼が再興を進めていた大仏殿（のちの方広寺）の竣工が間近に迫っていましたが、その大仏殿の大鐘に刻まれた「国家安康、君臣豊楽」という銘文について、これは豊臣家の繁栄を願い、家康を呪詛する文言であると、徳川家康が難癖《なんくせ》を付けました。豊臣家では家老の片桐且元を駿府に派遣して弁明に努めましたが、豊臣家の主張は容れられず、徳川幕府が秀頼の国替えや淀殿の江戸下向などを強硬に要求したため、結局豊臣と徳川は決裂し、同年十月一日、家康が諸大名に大坂攻めを命じて、大坂冬の陣が勃発しました。

それから四日後の十月五日、『駿府記』は次のように記しています。『駿府記』は徳川家康の側近くに仕えた者が家康の動向を中心に記した日記です。著者は定かではありません。

十月五日、京都伊賀守飛脚到来。大坂の躰、弥《いよいよ》城郭を構え、諸牢人拘《かか》え置き、籠城支度の由註進云々。

「京都伊賀守」とは、当時京都所司代の任にあった板倉勝重です。このころ徳川幕府では将軍秀忠の居城である江戸城に老中がいて、大御所家康の居城駿府城にも老中がいて、幕政を担当しました。彼らが今でいう大臣にあたります。この老中と同じ大臣クラスの要職として、京都に京都所司代がいました。京都所司代は朝廷との交渉役を務めるのが主な任務です。豊臣家が滅び、幕府によって大坂城が再築されると、大坂城代という役職が設けられ、西国三十三ヶ国を支配しましたが、この時点ではまだ大坂城に豊臣秀頼が健在で、大坂城代はいませんでしたから、京都所司代が徳川幕府における上方での唯一の大臣クラスの役職でした。その京都所司代の板倉勝重から家康のもとに大坂城の様子が飛脚で知らされてきたわけです。「大坂城では城の防御をより一層強固にして、たくさんの浪人を抱え置いて籠城支度を進めている」と記されていました。

それから六日後の十月十一日条にはこのように記されています。

十一日、(中略)申刻にいたり田中着御。板倉伊賀守飛脚到来。大坂の躰弥籠城支度。その意趣は金銀多く取り出し、大坂近邊八木《はちぼく》を買い込み、武具以下城中入れ置き、総構《そうがまえ》壁を付け、番匠《ばんじょう》数百人櫓《やぐら》・井籠《せいろう》の支度の由。

「家康公は田中(現在の静岡県藤枝市)まで到着され、そこにも板倉勝重の手紙が届けられた。大坂城ではさらに籠城支度を進めている。大坂城の蔵には豊臣秀吉以来蓄えた莫大な金銀財宝があるので、それらを取り出して、大坂近辺の八木《はちぼく》を兵糧米として買い込んでいる。武器もたくさん購入して大坂城中に運び込み、惣構《そうがまえ》にはすべて壁を建て連ねている。番匠が数百人働き、櫓や井楼《せいろう》（材木を井桁に組んだ物見櫓）を随所に建て、籠城支度を進めている」。「八木」とは「米」を二字に分割した表現です。

豊臣時代の大坂城は、本丸・二の丸・三の丸・惣構という四重構造の巨大城郭で、一番外側の曲輪《くるわ》を惣構と呼びます。惣構の周囲の堀が「惣堀《そうぼり》」で、大坂冬の陣が始まるまでは単に土塁がめぐらされているだけでした。土塁だけでは防御力不足なので、そこに銃眼などを備えた城壁を建てたというわけです。また「番匠」というのは、偉い大工さんのことで、そのもとで下働きする人がたくさんいました。大坂城では大勢の大工が徳川との戦に備えて働いていたことがわかります。

続く十月十二日条には次のようにあります。

十二日、申刻遠州懸河《かけがわ》着御。（中略）京都より伊賀守飛脚到来。去る六日七日、京都諸牢人の内、長曾我部宮内少輔、後藤又兵衛、仙石豊前守、明石掃部助、松浦彌左衛門、そのほか名も知らざる牢人千余人、金銀を出し籠城抱え置く。

「家康公はさらに大坂城に向かって進み、今日は掛川城に入られた。この日も板倉勝重から飛脚が到着した。十月六日・七日に、元は土佐一国の太守であった長宗我部宮内少輔盛親《くないしょうゆうもりちか》、そして黒田長政の家老であった後藤又兵衛基次《もとつぐ》、小諸城主仙石秀久の次男仙石宗也《せんごくそうや》、宇喜多秀家の家老であった明石掃部《かもん》らが大坂城に入った」。東西手切れから五日後、いよいよ大物たちの大坂城入城が始まったわけです。

続いて十月十四日条です。

十四日、（中略）午刻浜松着御。京都板倉伊賀守飛脚到来。其状に云はく、大坂の躰相替わる儀これなしといえども、諸牢人弥多く抱え置かるる由、別紙註文《ちゅうもん》これを捧ぐ。真田源三郎□□、是は先年関ヶ原御陣の時、御敵として御勘気を蒙り、数年高野山に引き籠る。秀頼当座の音物《いんもつ》として、黄金貳百枚、銀卅貫目これを遣し、大坂に籠城。

「家康公はさらに進んで浜松城に到着された。この日もまた板倉勝重から飛脚で手紙が届けられた」とあり、その手紙には「大坂城ではさらに籠城の支度を進めていて諸浪人をどんどん抱えている」と書かれていました。手紙には浪人衆のリストが付けられており、その筆頭に「真田源三郎」の名前がありました。真田幸村（信繁）の入城は後藤又兵衛より若干遅れたことがわかります。「源三郎」とありますが、本来ここは「源次郎」でないといけません。けれども、真田兄弟は兄の信之が「源三郎」、弟の幸村が「源次郎」で、名乗りが逆転しているので、家康の側近さえも勘違いしているのです。

先に後藤又兵衛や長宗我部盛親が入城したときは「金銀をたくさん取り出して抱え置いた」とあっただけで、具体的な金額は記されていませんでしたが、幸村については、大坂城入城にあたり当座の支度金として秀頼が「黄金二百枚、銀三十貫目」を与えたと書かれています。黄金一枚は金十両ですから、黄金二百枚で金二千両になります。このころの金一両の額は今の三十万円ぐらいと思われますので、黄金二百枚＝二千両＝六億円ということになります。また銀は一匁で五千円ぐらいと思われます。「貫」は千という意味ですから、銀三十貫目＝一億五千万円ということになり、幸村への当座の支度金は七億五千万円という莫大な金額だったことがわかります。幸村一人に対して、しかも当座の支度金だけでこれだけですから、あらためて豊臣家の財力に驚かざるを得ません。もちろん後藤又兵衛や長宗我部盛親にも、これに匹敵するような額が支払われたと考えられます。

◎――幕府からの執拗な勧誘工作

後藤又兵衛がいかに大物であったかということは、幕府から又兵衛への勧誘工作をみるとはっきりわかります。真田幸村に対しては大坂城に入る前や、入った直後に勧誘工作がなされた形跡はありません。幸村が勧誘工作を受けるのは、真田丸の攻防戦で徳川方の主力相手に圧勝した一週間後、慶長十九年十二月十一日のことです。しかし後藤又兵衛については、非常に早い段階から勧誘工作が行なわれたことがわかっています。

大坂冬の陣が勃発したのは慶長十九年（一六一四）十月一日ですが、家康はもっと早くから着々と大坂攻めの準備を進めていました。大坂夏の陣後のことですが、幕府は諸大名に豊臣方の残党狩りを命じました。その際、幕府はそれぞれの大名領内から慶長十八年以降に大坂城に入った者のリストを作成し、提出するよう命じています。幕府は大坂城に籠城した連中を「古参」と「新参」に分けました。古参はもともとの豊臣家家臣であり、主君に忠義を尽くしただけですから、罪は軽く、新参は徳川幕府と戦うために大坂城に入城したので、罪はきわめて重いとしました。では、その新参と古参はどこで分かれるのかというと、慶長十八年二月以降に大坂城に入ったものが新参だというのです。つまり、徳川幕府は慶長十八年を大坂の陣の起点とみなしていたということになります。

徳川幕府は慶長十九年二月の時点で一生懸命に後藤又兵衛を黒田家に帰参させようと努力していたことが、次の（慶長十九年）二月十二日付、後藤又兵衛宛の滝川忠征《ただゆき》・三好房一《ふさかず》連署状からわかります。姫路の芥田《あくた》家に伝わっている文書で、これまではいつのものかわかりませんでしたが、平成二十六年に大阪城天守閣で大坂の陣四〇〇年記念特別展「浪人たちの大坂の陣」を開催した折に検討した結果、文書の中身やかかわっている人物の動向などから、慶長十九年、まさに大坂冬の陣が起こる年のものと特定することができました。

（前略）去年筑前殿へ貴殿御存分の通り申し入れ、その案書もこれを進《ま》いらせ置き候キ。思し召さるる通り、何も御存分の如く相済み、筑州より此の如く一ツ書中を以て仰せ越され候。本書これを委ぬべく候へ共、此書状相届くべくも存ぜず候間、先ず写これを進らせ候、

一、貴殿の御事、帯刀殿・隼人殿御用意に安対馬殿御肝煎《きもいり》候間、拙者式よりの書状も対馬殿より相届けあるべしと丹後に仰せ談ぜられ候。定て対馬殿より書状これを進らせせられ候。菟角《とかく》帯刀殿・隼人殿・対馬殿へ御まかせ候て尤もに存じ候。

此書状参着候はば、急度御返事まち申し候。遅く候共四月中は相抱え、御報相待ち申すべく候。もし右之日限相過ぎ、五月朔日には筑州へ貴殿御同心なき通り申し放ち、両人御使をやめ申し候。此旨帯刀殿・隼人殿も仰せられ候。恐惶謹言。

二月十二日　　　　滝川豊前

忠征（花押）

□□（花押）

三好丹後

後藤又兵衛様

滝川忠征と三好房一という二人の幕府旗本が後藤又兵衛に宛てた手紙です。又兵衛は黒田家を出奔した後、播磨に戻って姫路城主池田輝政に仕えましたが、輝政没後、息子の利隆の代になると、黒田長政から「奉公構《がまえ》」が入りました。「奉公構」とは、旧主家から新たな仕官先に仕官差し止めの要求がなされることをいい、この「奉公構」のクレームが付けられると、仕官先で当該人物を抱えることは許されないというのが、当時の武家社会のルールでした。そのため又兵衛は池田家から召し放たれて、再び浪人になりました。そのころに又兵衛は姫路城下の芥田家で厄介になっていたらしく、それでこの又兵衛宛の手紙が芥田家に残ったと考えられます。芥田家は播磨一国の鋳物師《いもじ》を束ねた頭領（惣官職）を世襲した家柄で、冬の陣勃発のきっかけとなった京都・東山の大仏殿の大鐘鋳造にも携わりました。

滝川と三好はこの手紙に、「筑前殿（黒田長政）にあなた様（後藤又兵衛）の言い分を伝えました。あなたの希望どおりにすべてのことが決着いたしました。それについて筑前殿から書状も届きました。その手紙をそのまま届けたらいいのですが、うまく届かず、紛失の恐れもあるので、まずは写をつくって送ります」と記しています。滝川と三好という幕府の旗本二人が黒田長政と後藤又兵衛のあいだに立って調整していることがわかります。

そして、「あなたのことは、帯刀《たてわき》殿（安藤帯刀直次《なおつぐ》。徳川家康付きの老中。のち紀伊徳川家の付家老となり、田辺城主）と隼人《はやと》殿（成瀬隼人正正成《はやとのしょうまさなり》。家康付きの老中。のち尾張徳川家の付家老となり、犬山城主）のはからいで、安藤対馬殿（安藤対馬守重信《しげのぶ》。安藤帯刀直次の弟で秀忠付きの老中）が世話をすることになりました。まもなく安藤対馬殿から手紙が届きますが、この件についてはとにかく安藤帯刀殿、成瀬隼人殿、安藤対馬殿にお任せになるのがいいと思います」と書いています。又兵衛と長政の問題は、家康付きの老中と秀忠付きの老中計三人が取り扱っていますが、それは家康の意を承けて行われていることです。又兵衛一人の処遇のためにこんなに幕府が動いているのです。

「この手紙が届いたら、必ずお返事をください。四月いっぱいまで待ちます。もし五月一日になっても返事が届かなかったら、今回の件はなかったことにさせていただきます。私たち二人も又兵衛殿と筑前殿のあいだの使者をするのをやめます。安藤帯刀殿と成瀬隼人殿もそのようにおっしゃっています」。

ところが不測の事態が起こりました。次の史料はやはり芥田家に伝わったもので、（慶長十九年）六月二十四日付、後藤又兵衛宛の滝川忠征・三好房一連署状です。返事の期限である四月末日を大幅に過ぎています。

（前略）御報ながら去る二月十二日に此書状相調い、安対馬殿迄御届け候様にと申し入れ候へば、御届けあるべき手筋これなき由候て御返し故延引、所存の外に候。黒筑州より貴殿の儀覚書給わり候。最前は写を進らせ候へ共、相届かず罷り過ぎ候。此度者筑州よりの本書これを進らせ候。

安帯刀殿・成隼人殿より御状遣わされ候。筑州御書付にも貴殿御在京に相極り候間、然る上は御両殿へ御身上御任せ候て、御母儀・御息福岡へ差し越され然るべく存じ候。筑州御書付の通り御同心に候はば、諸大名ならびに少身たりといえども間柄悪しき衆へ書状の御取かはしもこれあるまじくと御誓紙尤もに候。入らざる儀に候へ共、二月相認め候御報もこれを進らせ候。筑州書付の通りに候へば、貴殿別に仰せらるる分もこれあるまじく候条、御同心尤もに候由、隼人殿・帯刀殿も仰せられ候。此御報七月中に待ち入り申し候。豊前事越後にて相煩い去月罷り帰り候間、一紙に申し入れ候。恐々謹言。

六月廿四日　　　滝川豊前

忠征（花押）

三好丹後

□□（花押）

後藤又兵衛様

「二月十二日付の手紙を届けてもらうことになっていた安藤対馬殿が、あなたにお届けする手筋がないと言って手紙を返してこられたので、先の手紙があなたに届いていないことがわかりました。思いもしなかったことです」と述べ、滝川と三好はこの手紙を送ってきました。「このまえの手紙には写を添えましたが、今回は筑前殿（黒田長政）の手紙の実物を添えて出します。さらに安藤帯刀殿と成瀬隼人殿のお二人の手紙も添えます」といい、「あなたは筑前殿と顔を合わすのは気まずいでしょうから、黒田家帰参ののちも京都で気楽に暮らし、かわりにご子息とあなたのご母堂が福岡に来ればいい、ということになりました。筑前殿が提示してこられたこうした条件にあなたが同意するのであれば、今後は二度と諸大名や、筑前殿と仲の悪い武将たちとは書状を取り交わさないとの誓紙を出されるのがいいでしょう」と書いています。又兵衛が主君長政を介さず、直接他の大名たちや、長政と仲の悪い武将たちと連絡を取り合っていたことが、又兵衛と長政の不和の大きな原因であったことがわかります。そして、「二月に書いたのにそちらに届かなかった手紙も一緒に送ります。筑前殿が出してきた条件に貴殿が同意するのであれば、七月中にお返事をください。成瀬隼人殿、安藤帯刀殿も同意するのがよいとおっしゃっています」。

滝川・三好両人が添えたというのが、やはり芥田家に残る（慶長十九年）六月二十三日付、後藤又兵衛宛の安藤直次・成瀬正成連署状で、そこには次のように記されています。

一書啓せしめ候。仍って此以前より三好丹後殿・滝川豊前殿御肝煎にて、大形御存分の様に相済み候間、御帰参候て尤もに存じ候。此上御帰り候て悪しき儀は御座あるまじく候。そのため我等式書状を以て申し入れ候。恐々謹言。

六月廿三日　　　安帯刀

直次（花押）

成隼人正

正成（花押）

後藤又兵衛殿

御宿所

「三好丹後・滝川豊前の二人が奔走した結果、あなたの言い分が認められたのだから黒田家へ帰参するのがいいと思います。私たちが間に立ってきちんと話をまとめたのですから、あなたが黒田家に帰参しても、何ら都合の悪いことはないはずです」。

これら芥田家に残る又兵衛宛の手紙から、後藤又兵衛を黒田家に帰参させるために幕府の老中らが両者の間に入って調整し、結果、帰参はするけれども又兵衛自身は京都にいて、福岡に来る必要はないという、大幅な譲歩を黒田長政から引き出していたことがわかります。しかし又兵衛は結局、黒田家に帰参せず、十月六日か七日に大坂城に入ったのです。

すると幕府は、又兵衛に対して思い切り手のひらを返す行動に出ました。

次の史料は『毛利氏四代実録　考證論断』に収められている（慶長十九年）十一月十二日付の安藤重信と神尾守世の手紙です。宛先の「毛利宗瑞」は毛利輝元のことで、輝元は関ヶ原合戦で敗戦の後、頭を丸めて「宗瑞」と号していました。


追って申し上げ候。長門守殿・甲斐守殿御出陣候様にと仰せられ候間、近日御上着たるべく候。然る上は、此已前米津清右衛門預け置き申され候後藤又兵衛子の義、此方へ下さるべく候。別なる義にて御座なく候。今度又兵衛入城仕り候について、子供一所に入れ置き、又兵衛、両御所様へ後説申し上げ候様に仕るべきために御座候。御後説を申し上げさせ、御知行存分に拝領いたさせ、その上御前へ直し、御奉公人に罷り成り候様に仕るべく候間、丈夫に御請け負い成させられ仰せ聞かされ、合点においては、慥《たしか》なる衆を相添えられ、此方へ下さるべく候。此等の趣、然るべき様に御披露なさるべく候。恐々謹言。

霜月十二日

安藤対馬守　判

神尾五兵衛　判

毛利宗瑞様人々御中

「長門守様（毛利秀就。毛利輝元の実子）と甲斐守様（毛利秀元。毛利輝元の養子）の二人に幕府から大坂攻めに出陣せよという命令が出ましたので、近日こちらにご到着ください。先年米津《よねきつ》清右衛門が預け置いた後藤又兵衛の子をこちらに送ってください。他でもありません。このたび後藤又兵衛が大坂城に入りましたので、子供を人質にとって又兵衛に両御所様（家康と秀忠）に味方するよう説得するためです」と記しています。

ここには名前がありませんが、のちほど紹介する史料で又兵衛の子供の名前は「左門」であったことがわかります。後藤左門は三年前の慶長十六年に堺にいるところを幕府に捕らえられ、毛利輝元に預けられていました。続いて「又兵衛の子がこちらに来て、我々の目論見どおり又兵衛が寝返るようであれば、きちんと知行を与えて幕府に仕えてもらおうと思っている。そういうことなので、信頼できる者を添えて又兵衛の子を届けてください」と伝えています。

次の史料も『毛利氏四代実録　考證論断』に収められているもので、先程の安藤重信・神尾守世連署状を承けて、毛利輝元が家臣の益田元祥《もとよし》・山田元宗に宛てた（慶長十九年）十一月十七日付の手紙です。

急度申し候。後藤左門儀について、安藤対馬・神五兵よりの書状此の如くに候條、早々差し上せらるべく候。番の者の儀は、此中の如く、三上父子、井上ノ惣右衛門付け候て差し上せらるべく候。自然左門不慮の覚悟共仕り、海などへ飛び入り候はぬ様に肝要に候。左候とても、ふたし共うち候事は如何に候の條、船屋形のかこひ専一に候。勿論《もちろん》船中の賄《まかない》以下の儀、又料帋等、心安き様に申し付られ差し上せられ候、安対・神五兵書状の前にて、左門安堵候て罷り上り候様、申し聞かせ候事肝心に候。（中略）

十一月十七日　　　　　　　宗瑞公　御判

益　玄

山　吉兵

「後藤左門のことについて安藤対馬と神尾五兵衛からこのような手紙が届いた。早々に左門を上方に送るように。警護役として三上親子と井上惣右衛門を付けて送りなさい」とあります。

毛利領国の三田尻港（山口県防府市）から船で上方に送る計画だったのですが、「左門が途中で海へ飛び込んで自殺でもしたら大変なことになるので、そのようなことにならないよう気をつけることが肝心である。とはいえ、後藤又兵衛の子であるから左門を桶や箱に詰めて蓋をしておくわけにもいかない。左門を船に乗せたら、その船屋形を厳重に見張ることが重要だ。もちろん船の中でもしっかり左門の世話をすることは必要だし、紙や筆も使えるようにしてあげなさい。幕府としては又兵衛が徳川に味方すれば領地を与えようと考えているので、その旨をきちんと説明して、左門を納得させて送ることが重要だ」。輝元は益田らにこう書き送っています。

ところが、予想外の出来事が起こってしまうのです。

『毛利氏四代実録　考證論断』に次のように記されています。

十一月、日未考、後藤左門又兵衛基次子、公儀ヨリ御預ケ、ハ、防州山口ニ差置カレ、三上淡路守就忠、同平兵衛尉元友、井上惣右衛門尉某等、其守衛ヲ掌リ、中間四人宛コレヲ警護ス、元ヨリ帯刀放因ナリケレハ、或夜元友カ守衛ニ當テ、其闕如ナルヲ窺知テ、居所ヲ逃出シ自盡ス、コレヲ止メントテ、護者二人ハ深手ヲ負ヒ、二人ハ即死ス、元友ハ闕如緩怠ナルヲ以テ自殺シ、此日モ未考、其罪ヲ謝ス先ほどの輝元の手紙にあったように左門を上方へ送るについては、三上親子（三上淡路守就《なり》忠《ただ》と三上平兵衛尉元友）と井上惣右衛門の三人が付き添い役になり、彼ら以外に中間《ちゅうげん》四人が左門を警護することになりました。左門は「帯刀放囚」、すなわち腰に刀を帯び、自由に動ける状態でした。「ある夜、三上元友が見張り役だったとき、元友がちょっと離れた隙に左門が船屋形から飛び出した。左門を捕まえようとして、警護にあたっていた中間四人のうち二人が左門に斬られて深手を負い、二人は即死した。そして左門自身は自害した」とあります。毛利家は幕府から預かった大切な人質の後藤左門を、むざむざ自殺させてしまったわけです。

『毛利氏四代実録　考證論断』には（慶長十九年）十一月二十三日付の毛利家家老福原広俊の手紙も収められています。

井四郎右所への御書、昨日三田尻へ相越し拝見仕り候。御立ちの砌と存じ、私よりは申し上げず候へ共、扨々《さてさて》是非に及ばざる御事にて御座候。公儀へ事いかがと致す気遣い候。然れ共別條もこれなく候間、ありのままに仰せ上げらるる事にて御座あるべく候。是と申も刀を遣し申し候からの事にて御座候。せめて番衆の長わきざしをとり候て、きりまはり、そのために仕たると取沙汰候はば、然るべきかと存じ候よし。（中略）

十一月廿三日　　　　福　越後守

御中之　　　　廣俊　判

「大変なことが起こってしまった。幕府に一体なんと説明したらいいのか。言い訳しても仕方ないからありのままに伝えるしかない。刀を持たせていたことが原因だ。刀を取り上げておいたらよかった。せめて、監視に付けていた中間の長脇差を奪ってそれで斬りまわり、その脇差で自害したとでも言い訳したらいいのではないか」。毛利家が非常に苦悩している様子がうかがえます。

このように幕府は、後藤又兵衛が大坂城に入る前は一生懸命黒田家へ帰参させようと努力しました。そして又兵衛が大坂城に入城してからは、毛利家預かりになっていた息子の左門を人質にとって徳川方に寝返るよう圧力をかけようとしました。結果は功を奏さなかったわけですが、こうした執拗な勧誘工作をみると、幕府が後藤又兵衛という人物をいかに重く見ていたか、又兵衛が幕府にとっていかに警戒すべき人物であったかがよくわかります。

◎――冬の陣

では、いよいよ又兵衛が大坂城に入ってからの話になります。『落穂集《おちぼしゅう》』という史料の巻十三に次のような記述があります。

その頃大坂へ諸浪人方々より寄り集り候。中にも名ある浪人と申ては、毛利豊前守勝長、長曽我部宮内少輔盛親、真田左衛門佐幸村、同大助、山口左馬助、大聖寺城主山口玄蕃次男、仙石宗也、後藤又兵衛基次、黒田甲斐守家老、明石掃部全登、浮田秀家家老、小倉佐左衛門行基、蒲生飛騨守家老、等、何れも秀頼公の招きに依って、来り集り候と也。その内にて毛利、長曽我部、真田事は、三人衆と申して、諸人尊敬仕り候由。

「大坂城にはたくさんの浪人が入り、中には毛利勝永、長宗我部盛親、真田幸村、真田大助、山口左馬助、仙石宗也、後藤又兵衛、明石全登、小倉行基ら著名な武将もいたが、そのなかでも特に毛利勝永、長宗我部盛親、真田幸村の三人が『三人衆』と呼ばれて浪人たちから尊敬された」とあります。「三人衆」は豊臣家から特別扱いを受けました。浪人衆はいずれも豊臣秀頼からの招きに応じて大坂城に入ってきたのですが、彼らはあくまでも豊臣家からみたら新参の外様にすぎず、外様は元来、その家の意思決定には参画できません。徳川幕府の老中が譜代大名から選任されて、外様の前田や伊達、島津などがいくら大々名であろうと老中として幕府政治に参画できなかったのと同じです。しかし彼ら三人衆だけは特別に、豊臣家の意思決定の場である軍議に参加することが許されたわけです。

続く箇所におもしろいことが書かれています。秀吉の築いた大坂城は難攻不落の名城と讃えられ、東・西・北は天然の要害になっていましたが、南側だけは天王寺・住吉・堺へと平坦な陸地が続き、弱点になっていました。この弱点を克服すべく、「後藤又兵衛が惣構の南東隅を出たところの小さな丘陵に砦をつくろうとし、縄張を済ませて建物を建てるための材木も集めてあった。ところがある日、真田幸村がやって来て、又兵衛の縄張を全部捨て去り、材木も外へ運び出して、またたく間に砦を築き上げてしまった。これを聞いた又兵衛は激怒し、『たとえ秀頼公の命であったとしても、ひと言断りがあるべきだろう。なのに幸村如きがこんなことをやったのだから絶対に許せない。これから軍勢を集めて幸村と一戦を交え、明日にはあの砦を取り戻してみせる』と息巻いた。徳川と戦わないといけないのに、あろうことか豊臣方の有力武将同士が対立し、一触即発の事態となったことに、秀頼のもとで大坂城を取り仕切っていた大野治長は困惑し、又兵衛をなだめるため、『今後は又兵衛を三人衆と同格の扱いにする』という条件を示しました。又兵衛はしぶしぶ納得し、怒りを鎮めた」というのです。

このとき又兵衛をなだめる役を務めた明石全登も、豊臣家は又兵衛同様の扱いとしました。又兵衛は黒田長政のもと大隈で一万石を領し、宇喜多秀家の家老であった明石全登はそれより多い三万三千石を領しました。二人とも万石を超える大名級の武将でしたが、黒田長政や宇喜多秀家の家老でしたから、豊臣家からみたら大名の家臣である「陪臣」にすぎませんでした。でもこの一件のあと、又兵衛と明石が三人衆と同格となり、以降はこの五人が「五人衆」として豊臣家の軍議に参画することになりました。
ただこの『落穂集』は、大道寺友山《だいどうじゆうざん》という兵法家が享保十三年（一七二八）にまとめたもので、大坂の陣から百年以上もあとの史料ですから、その記述をそのまま鵜呑みにしていいのかという問題があります。
ところが、『大坂御陣覚書《おおさかごじんおぼえがき》』という史料にも次のような記述がみられるのです。

大坂本城の巽に當りて、百間四方の出丸を構え、後藤又兵衛政次是にあるべき由なりしが、後藤は諸手の遊軍に仰せ付けられ候故、此丸を真田左衛門尉（マヽ）請け取り籠るにより、敵味方共に、是を真田丸と云う。

「大坂城の巽（南東）の方角に出丸が築かれ、そこには最初後藤又兵衛がいた」というのです。ここに「後藤又兵衛政次《まさつぐ》」とあります。又兵衛の諱《いみな》は一般に「基次」で知られますが、実は真田幸村の「幸村」と同じで「基次」という名は又兵衛在世当時の史料には出てこないのです。大阪府岬町淡輪《たんのわ》に、大坂夏の陣後も生き延び、承応三年（一六五四）十一月十九日に亡くなった又兵衛の三男後藤佐太郎正方のお墓があるのですが、そこには「又兵衛正次之子也」と刻まれています。「政」と「正」の違いはありますが、ともに又兵衛の諱を「まさつぐ」としています。

さて、『大坂御陣覚書』の続きですが、「又兵衛は秀頼公から、いろいろなところで戦いが起こるので各方面に遊軍に行くようにとの命令を受けて、砦から出た。替わって砦に入ったのが真田幸村で、幸村がそこに籠って大活躍したから敵味方ともにその砦を『真田丸』と呼ぶようになった」というのです。経緯は先の『落穂集』とは異なりますが、いわゆる真田丸に後藤又兵衛が深く関わったのは間違いないのではないでしょうか。一般には、天才的な武将真田幸村だからこそ、あっという間に大坂城の弱点を見抜いて真田丸を築き、徳川の大軍相手に圧勝したと思われていますが、実は真田幸村だけがとびぬけた天才武将なのではなく、真田丸が築かれた丘陵は、幸村でも、又兵衛でも、そのクラスの武将であれば誰しもが砦をつくるべきだと考える場所だったということでしょう。

『大坂御陣覚書』によると、又兵衛は各方面の遊軍を命ぜられたとのことですが、実際又兵衛は冬の陣でそのとおりの活躍をみせます。慶長十九年十一月二十六日、大坂冬の陣最大の激戦といわれる「鴫野《しぎの》・今福《いまふく》合戦」が行われました。大和川は今では大阪府柏原市からまっすぐ西に向かい、堺市で大阪湾に注ぎ込みますが、これは約三百年前の宝永元年（一七〇四）に付け替えられた流路で、それ以前は柏原市から幾筋にも分かれて現在の八尾市や東大阪市の辺りを流れ、最終的に大坂城の北でまた一本になり、淀川（旧淀川、現在の大川）に合流していました。その大坂城の北で一本になった大和川の両岸に、鴫野と今福の集落がありました。鴫野が大和川の南側、今福が北側です。鴫野と今福にはそれぞれ豊臣方の砦があり、鴫野砦には徳川方の上杉景勝、今福砦には佐竹義宣《よしのぶ》の軍勢が襲いかかり、合戦が始まりました。

今福で豊臣方は砦を奪われますが、そこに駆けつけたのが木村重成です。重成はあっという間に佐竹隊を追い散らして、砦を奪い返しました。その様子を大坂城の菱櫓《ひしやぐら》から豊臣秀頼が眺めていました。この戦いは重成にとって初陣でした。重成の母宮内卿局《くないきょうのつぼね》は秀頼の乳母で、秀頼と重成は乳兄弟の関係にありました。秀頼は、兄弟同然に育った重成の戦いぶりをひやひやしながら眺め、絶対に重成を討死させてはならぬと言って、後藤又兵衛にすぐさま重成の援軍に行くよう命じ、又兵衛が出陣します。そして重成に「秀頼公の命を受けて援軍にやって来ました。あなたは先ほどから十分に戦われてお疲れでしょうから、私が替わりましょう」と声をかけるのですが、重成は「それでは私の男が立たない」と言って戦場を譲りません。それで又兵衛は重成の援護射撃に回りました。又兵衛が加わった豊臣方はとにかく強く、ついに佐竹隊を壊滅状態にまで追い込みました。

一方、対岸の鴫野で勝利した上杉景勝隊は、佐竹隊が壊滅寸前なのを見て、大和川を渡って今福に出張ってきました。そして上杉家執政の直江兼続が鍛え上げた上杉鉄砲隊が攻撃を開始し、その弾の一つが、又兵衛の左腕に当たりました。

次の史料は徳川幕府の正史『台徳院殿御実紀《たいとくいんでんごじっき》』の慶長十九年十一月二十六日条です。

又兵衛基次が左の腕に玉一つあたりしかば。紙にて其血をゝしぬぐふ。木村疵はいかにと問に。基次は。秀頼公の御運いまだつきず。浅手なりと広言し。今日の戦これまでなりと繰引にして退く。

「又兵衛は『鉄砲は腕に当たっただけでかすり傷だ。自分の命があるかぎり秀頼公のご運は尽きない』と豪語して、引き上げていった」というのです。又兵衛の豪将ぶりがよくわかるエピソードです。冬の陣での又兵衛というと、この鴫野・今福合戦で木村重成の援軍に出て佐竹隊を壊滅させた戦いぶりに尽きると思います。

◎——夏の陣・道明寺合戦

翌年の大坂夏の陣では、又兵衛は慶長二十年五月六日の道明寺合戦に出陣しました。次の史料は伊達家浪人で大坂城に入城した北川次郎兵衛宣勝《のぶかつ》がまとめたとされる『北川覚書』です。

則ち道明寺口先手後藤又兵衛仰せ付けられ、四月廿八日の夜に入り、大坂打ち立ち、平野に陣取り申し候。五月五日の夜、後藤又兵衛陣所に、真田左衛門佐、森豊前守参り候て、明日六日の合戦評定仕り候は、明日の夜中に国分の山を越え、三人の組付一万ずつ三万を一手に仕り、山口に備えを立て、御所様・将軍様御旗本へ平懸りに突っ懸り、富士・白山も御照覧候へ、一足も退かず、家康公御父子の御験を、我々が手に懸け候か、我等三人の首を、家康公実見にかけるか二ツ一ツ候べし、刀と槍の柄のつつく間は、命こそ限りよ、一寸も返すべからずと、三人共最後の盃をいたし、明日の一番鳥に道明寺にて出会い申すべしと暇乞い致し、各涙を流し罷り帰り申し候。

「又兵衛は道明寺合戦の先鋒を仰せ付けられ、四月二十八日の夜、先に平野郷（大阪市平野区。戦国時代には堺と並ぶ自治都市・商業都市として栄えた）まで出陣し、本陣を据えた。五月五日の夜、その又兵衛の陣所に真田幸村と毛利勝永（森豊前守。元々「森」姓だったが、秀吉から「中国の覇者大毛利にあやかって毛利とせよ」と言われて「毛利」姓にあらためたという）が集まって翌日の合戦の評定を行なった。そのあと三人で盃を交わし、『明日は我々が家康公・秀忠公の首をあげるか、自分たち三人の首を家康公の首実検にさらすか、二つに一つだ。刀と槍の続くかぎりは一歩も退くことなく戦おう』と誓い合い、涙を流して別れ、それぞれの陣所に戻った」というのです。

　大阪の天王寺駅からJR大和路線に乗って王寺・奈良方面に行くと、途中、大阪府柏原市の高井田駅と、奈良県三郷《さんごう》町の三郷駅のあいだで、大和川が狭い渓谷になっているのを知っておられるかと思います。これが「亀ノ瀬渓谷」です。大坂夏の陣で徳川軍は京都から二手に分かれて大坂城を目指しましたが、その内の一つ、大和方面軍が京都から奈良を経て法隆寺、竜田、そして「亀ノ瀬越」「関屋越」と呼ばれる大和川沿いの隘路《あいろ》を通って、河内平野に出てくるわけです。いかなる大軍といえども狭い道を通る際には、細長い隊列を組んで進んでこざるを得ません。大和川が河内平野に流れ出す国分《こくぶ》村付近に豊臣方が先に陣を敷いて、進んでくる徳川軍を待ち構えて叩けば、少数の豊臣勢にも十分勝機があります。これが又兵衛・幸村・勝永の立てた作戦でした。

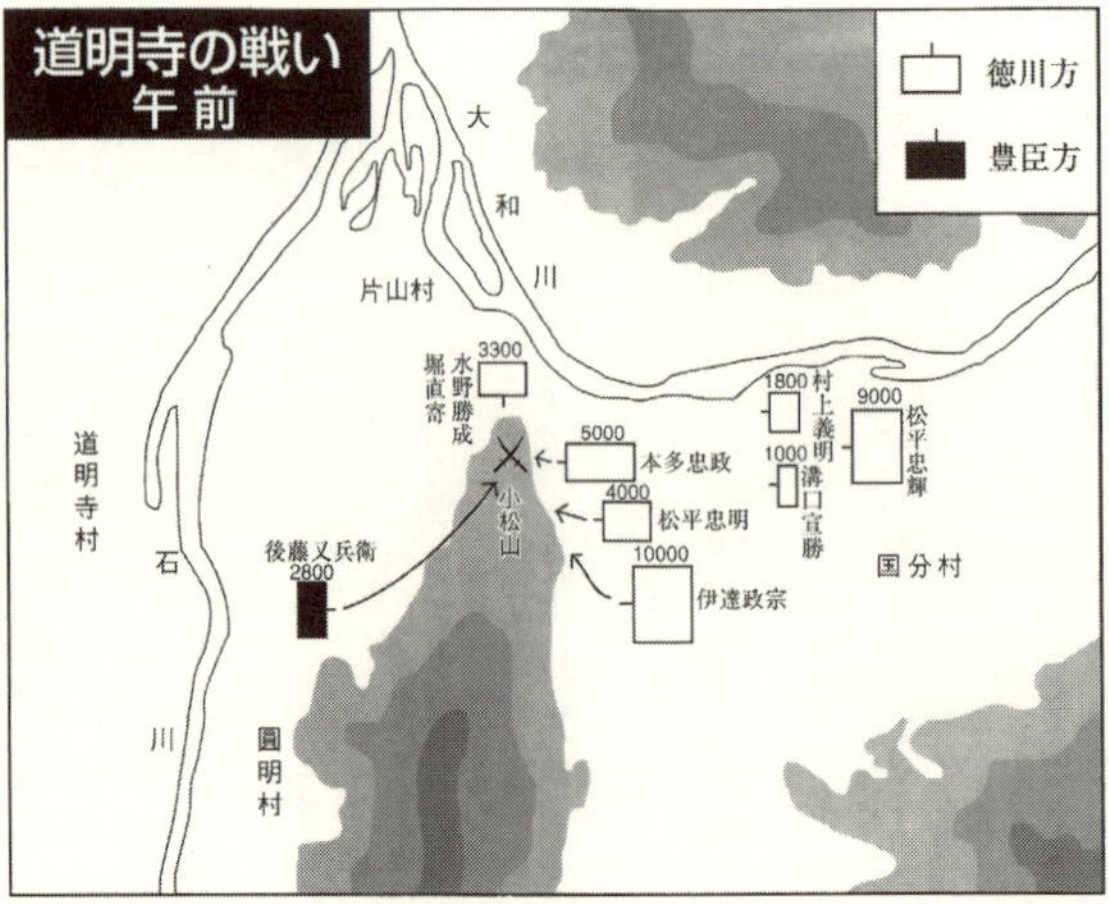

道明寺合戦配陣図〈午前〉
（『歴史群像シリーズ　【戦国】セレクション　激闘大坂の陣』より）

「道明寺合戦配置図（午前）」をご覧ください。先鋒の後藤又兵衛が玉手山丘陵（国分の山）の西麓に到着すると、国分村周辺にはすでに、徳川方の大軍が布陣を終えていました。徳川方の進軍は又兵衛・幸村らの予想よりはるかに速かったのです。又兵衛は、後続の毛利勝永、真田幸村、薄田兼相《すすきだかねすけ》、明石全登らを待たずに、自ら率いる一隊だけで徳川の大軍と戦わざるを得ない状況に追い込まれてしまいました。でも、さすがに又兵衛は強く、十倍以上の徳川の大軍相手に、一時は玉手山丘陵北端部頂上の「小松山」を占領するなど優勢に戦いを進めましたが、最終的には衆寡敵せず、又兵衛は討死することとなりました。

後藤又兵衛石碑
（大阪府柏原市玉手町　玉手山公園内）

道明寺合戦を描いた数少ない絵画史料の一つに岐阜市歴史博物館所蔵の『大坂夏の陣図屏風』があります。わずかに残った後藤又兵衛の軍勢が徳川の大軍に包囲されて最期を迎える様子が描かれています。

『駿府記』は慶長二十年五月六

「大坂夏の陣図屏風」（岐阜市歴史博物館蔵）より後藤又兵衛隊部分

日条で又兵衛の最期を

　後藤又兵衛道明寺辺りにおいて、政宗手へ打ち取る。

と記しています。京都の公家山科言緒《ときお》の日記『言緒卿記』にも、

　後藤又兵衛（基次）、正宗（伊達）手にて討ち取り了ぬ。

とあります。いずれも、又兵衛は伊達政宗隊に討ち取られた、と書いています。

　姫路の芥田家には、又兵衛の叔父である後藤助右衛門が、当時の芥田家当主芥田五郎右衛門元高《もとたか》に送った（慶長二十年）五月十二日付の書状が残されています。又兵衛討死から六日後の手紙です。

　思し召しより御懇書忝く拝見仕り候。仍って大坂お（落）ち申すについて、皆々は（果）て申す由に候。

ふびんなる仕合せ、御すいれう（推量）成さるべく候。又兵衛殿も六日に御打しに（討死）成され候。然れども御手から（柄）、けんへい（源平）以来あるまじくと申すとりざたにて御座候。日本のおほへ（覚）ためしなきやうに承り候。（中略）

五月十二日　　　　　　後藤助右衛門　□（花押）

芥　五郎右様　まいる　人々御中

「芥田様から届いた丁重な手紙を拝見しました。大坂城が落ちて豊臣方は皆、果ててしまいました。不憫なことになってしまいました。ご推察ください。又兵衛殿は討死しましたが、その戦いぶりは源平以来、こんな武将はいなかったと取り沙汰されています。日本史上に未だかつてなかったほどの戦いぶりだったと言われています」と伝えています。

道明寺合戦を描いた絵画史料はもう一つあります。たまたま私が大阪城天守閣の学芸員室に一人で勤務していた日に持参され、「新発見」することになった群馬県の杉浦家所蔵の『大坂御合戦絵巻』です。図版は長い絵巻物の一部分ですが、左側の馬に乗っている人物が後藤又兵衛で、その又兵衛に菱形の紋様の背旗をつけた敵軍が向かって来ます。この菱形は「釘抜（くぎぬき）紋」と呼ばれる紋章で、徳川家康の外孫松平忠明隊の旗印です。詞書には「山田十郎兵衛、大坂の強将《きょうしょう》後藤又兵衛を討取、其身も終に打死す」と記されています。「松平忠明隊の

「大坂御合戦絵巻」（群馬・杉浦家蔵）より後藤又兵衛・山田十郎兵衛部分
（大阪城天守閣提供）

山田十郎兵衛が後藤又兵衛を討ち取った。しかし山田十郎兵衛もこの戦いで討死してしまった」というわけです。先ほどの『駿府記』や『言緒卿記』の「又兵衛は伊達政宗隊に討ち取られた」という記述とはまったく違うことが書かれているのです。その最期についても、岐阜市歴史博物館所蔵の『大坂夏の陣図屏風』のように徳川の大軍に包囲され、進退窮まって討ち取られたのではなく、馬上一騎討ちのように描かれていて、これまたまったく違います。

　現地の小松山近くには、その山田十郎兵衛の墓があります。山田家は忠明の子孫である武蔵国忍《おし》藩主松平家の家臣として明治維新まで続きますが、その山田家の依頼により、江戸時代を通じて片山村の庄屋がこの墓のお世話をしてこられました。

この『大坂御合戦絵巻』は幕末の弘化二年（一八四五）にできたもので、信憑性があまりないのではと疑われます。作らせたのは忍藩主松平忠国なので、自家の歴史を飾りたいがために先祖である松平忠明隊が有名な後藤又兵衛を討ち取ったことにして、幕末にこんな絵巻物を作らせたのではないかという推測も成り立ちます。しかし、山田十郎兵衛が又兵衛を討ち取ったという話は、幕末に忍藩松平家が突然でっち上げたものではないのです。

『武功雑記』は平戸藩主の松浦鎮信が元禄九年（一六九六）にまとめたものですが、その巻十に次のような記述があります。

後藤又兵衛首は、松平下総殿内山田十郎兵衛打ち取る。十郎兵衛膝じるしをあげながら深手を負い死に候故、又兵衛首を政宗殿手へ取得候由。

「又兵衛の首は、本当は松平忠明家臣の山田十郎兵衛が取った。でもその山田十郎兵衛も討死してしまったので、十郎兵衛が取った首を伊達政宗隊がかすめ取り、伊達政宗隊の手柄になった」というのです。漢学者佐藤直方の著した『鶴の毛衣』も巻二でこのように書いています。

或人曰はく、後藤首は松平下総守内山田十郎兵衛と云う者これを取る。されども十郎兵衛深手を負い、つかれ果たる所を、余人奪ふよし。

ですから山田十郎兵衛が又兵衛の首を取ったという話は、古くから語られてきた話なのです。実際大軍どうしが激突している戦場で首を取るというのは簡単なことではありません。首を取っているあいだに自分がやられるかもしれません。取った首を手に持っていると片手がふさがり、戦うのに不利ですから、髻を帯に括り付けて腰の辺りにぶら下げます。それにしてもいくつも首をぶら下げて戦えませんから、身分の高そうな武将の首を残して、ほかの首は戦場に捨てたりします。するとその捨てられた首を拾う奴が出てきて、「自分が取った」などと主張したりするのです。そのため、誰が誰の首を取ったかというのを検証するのは非常に難しい作業になるわけです。たとえば、大坂夏の陣の樫井合戦で討死した塙団右衛門《ばんだんえもん》の首の場合、自分が取ったとする候補者が四人いました。最終的には証言などを集めて誰が取ったかを決定して、その人に恩賞が下されるのですが、それでもその決定が本当に正しいかどうかはわかりません。実際、納得しない奴がいっぱいいるわけです。誰が誰の首を取ったかを決定するのは、それほど難しい作業なのです。ですから仮に政宗隊が又兵衛の首を差し出したとしても、本当にその首を政宗隊が取ったかどうかは別問題なのです。

又兵衛は、首を取られなかったという話も残っています。『難波戦記《なにわ》』には、「又兵衛は、吉《よし》村武右衛門《むらぶえもん》に『自分の首を絶対に敵に渡すな』と命じて自害し、介錯した武右衛門は又兵衛の首を深田に埋めて隠した」と記されています。

陣後しばらくして、武右衛門は又兵衛の首を掘り出して、又兵衛の伯父藤岡九兵衛《くへえ》が住職をしていた伊予国（愛媛県）の長泉寺に持参し、供養してもらった、という話も伝わっています。長泉寺は「後藤又兵衛基次公菩提所」として愛媛県伊予市の史跡に指定され、近くの民家敷地には又兵衛の首塚も残されています。

後藤又兵衛首塚（愛媛県伊予市宮下）

ところが、この首塚については、江戸時代、又兵衛の生存伝説が語られました。又兵衛は実は夏の陣で討死したのではなく、影武者が身代わりとなり、又兵衛自身は伊予国に落ち延びたというのです。ですから「首塚」は首塚ではなく、夏の陣後も生き、天寿を全うした又兵衛の墓ということになります。

又兵衛生存伝承は伊予だけでなく、

豊前（大分県）・豊後（大分県）・薩摩（鹿児島県）・備前（岡山県）・紀伊（和歌山県）・下野（栃木県）など、各地で語られました。「又兵衛桜」で有名な奈良県宇陀市もその一つで、近くの薬師寺境内に又兵衛のものとされる墓があります。

《主要参考文献》

大阪城天守閣『大坂の陣四〇〇年記念特別展　浪人たちの大坂の陣』
北川　央著『大坂城と大坂の陣―その史実・伝承』（新風書房）
北川　央著『なにわの事もゆめの又ゆめ―大坂城・豊臣秀吉・大坂の陣・真田幸村―』（関西大学出版部）
北川　央「真田幸村と後藤又兵衛」（『兵庫県立歴史博物館友の会だより』一三〇）
北川央・跡部信「平成二〇年度　豊臣時代資料・史跡調査概報」（『大阪城天守閣紀要』三八）
福田千鶴著『後藤又兵衛』（中公新書）
福本日南著『大阪城の七将星』（東洋書院）
松本多喜雄著『播州後藤氏の栄光―後藤又兵衛基次の系譜』（神戸新聞出版センター）

海峡の町を創った
明石城主・小笠原忠真

藤尾　隆志

◎――はじめに　小笠原前史の明石

本日は明石城を築城した小笠原忠真についてお話いたします。

その前にお断りしておかねばならないのですが、実は、忠真は明石にいたころは「忠政」と名乗っていました。「忠真」と名乗るのは、後に小倉に移ってからなのです。

しかしながら、忠真の岳父も本多「忠政」であり、煩雑になることから、本稿では「忠真」で統一いたします。

それでは、小笠原前史として、忠真が入る前の明石について紹介いたします。

豊臣秀吉が天下を統一したころ、明石を治めていたのが高山右近です。当時明石城はまだ存在せず、現在の明石城から南西に位置する船上城に入城していました。高山右近はキリシタン大名として名高く、当時の明石はキリスト教を基として、西洋の異国情緒あふれる町だったかもしれません。しかしながら、秀吉がキリスト教を禁教とし、右近は領地を没収されてしまいました。

慶長五年（一六〇〇）、関ヶ原合戦を経て、徳川家康の娘婿である池田輝政が播磨姫路八〇万石へ移封されました。輝政は姫路城を整備するとともに、三木・高砂・明石・龍野・平福・

赤穂に支城を整備します。このなかの明石城は船上城を指します。城主として輝政の庶子である池田利政や、甥の由之が入りました。この時の治世として、由之が整備した「出羽殿堤」や、海岸に「古波止」を整備したことがあげられます。

このように船上城を中心に整備が進んだ明石ですが、慶長二十年（一六一五）に、幕府が一国一城令を命じることにより、船上城自体が破却されてしまいます。

忠真が明石に入ってくるのは、この後のことです。

◎——戦国時代の小笠原家

次に、忠真以前の小笠原家について簡単に紹介していきましょう。

小笠原家は甲斐源氏の出身とされています。中世には、信濃の豪族として活躍していき、室町時代には信濃国の守護に命じられます。小笠原家の特徴として、もうひとつ「小笠原流」の礼式家であることがあげられます。これは武家の故実を指導する家のことです。そのため、室町幕府のなかでも特殊な地位を保っていたのです。

戦国時代になり、小笠原家も動乱に巻き込まれていきます。天文十九年（一五五〇）に武田信玄の侵攻を受け、所領を失ってしまいます。

小笠原貞慶の代になり、織田信長死後に領地を奪還することに成功しました。貞慶は徳川家康に属しますが、息子の秀政とともに豊臣秀吉のもとに奔ります。

秀政は再度家康の配下となります。それだけでなく、家康の長男信康の娘福姫を妻に迎えます。小笠原家は徳川家と縁戚関係を持つことになります。

秀吉の小田原征伐後には、家康の関東入国に従って、下総古河三万石を与えられます。慶長元年には忠真が古河で誕生します。嫡男忠脩の弟で、母は福姫なので、家康の曾孫にあたるわけです。

慶長五年の関ヶ原合戦において、秀政は上杉景勝の抑えとして結城秀康と宇都宮城を守ります。翌年、信濃飯田五万石を与えられました。

慶長十二年、秀政は妻の死に伴い、嫡男忠脩に家督を譲ることを決意します。もっともこれは内々のことであり、表向きは秀政が当主のままでした(1)。

慶長十八年、旧領だった松本八万石を与えられます。

◎――大坂の陣と小笠原家

家康のもとで着々と出世を果たしていく小笠原家でしたが、一転存亡の危機に立たされます。

徳川家と豊臣家の最後の戦いとなった大坂の陣です。

大坂の陣は慶長十九年（一六一四）大坂冬の陣と翌年の夏の陣にわかれます。このうち、冬の陣には小笠原家は出陣しましたが、合戦に参戦しませんでした。

慶長二十年の夏の陣において、いよいよ小笠原家が参戦します。兵を率いたのが秀政で、忠脩は二代将軍秀忠より松本での留守を命じられましたが、許可なく弟忠真と大坂へ向かってしまいました。将軍の徳川秀忠は咎めたそうですが、大御所の家康はひそかに忠脩を呼び、労わったと言われています。(2) 小笠原家は榊原康勝を中心とした部隊へ編成されました。

五月六日、大規模な戦いが起こりました。榊原康勝組は退却しようとする豊臣方の木村宗明の部隊を追撃しようとしますが、小笠原隊は遅れを取りました。これを家康と秀忠が責め、秀政は恥じました。秀政は汚名を返上しようと躍起になります。

五月七日、天王寺口の戦いといわれる戦が起こります。しかし小笠原隊は敵方の毛利勝永隊に囲まれてしまい、秀政・忠脩が戦死します。忠真は重症を負ったものの、かろうじて一命はとりとめます。このとき、忠真は、家康より「わが鬼孫」と称えられたと伝わります。(3) 忠真は家康の曾孫ですが、母は家康の養女になっていましたので、孫とみなされた訳です。

◎——忠真、明石へ移封

(1) 忠真、小笠原家を相続する

忠脩には嫡男(長次)がいましたが、いまだ幼少だったため、忠真が小笠原家を相続することになり、兄の遺領信濃松本八万石を相続しました。そしてこの際兄の正室だった本多忠政娘と結婚することになります。

元和三年(一六一七)、忠真は二万石を加増され、明石郡・三木郡一〇万石で明石へ移りました。大坂の陣の軍功と考えられます。

ところで、忠真自身は兄忠脩の子(長次)が家督を継ぎ、自らは後見役となりたいと考えていたようです。[4] のちには長次に明石藩を相続させたいと願いましたが、長次は龍野藩六万石藩主となり、別家を立てました。結局小笠原一門の大名家が一つ増えたことになるわけです。忠真の人柄が幕府にも認められ、小笠原家の隆盛に繋がるわけです。

(2) 忠真が明石を与えられた理由とは

忠真が明石へ移された理由は何でしょうか。明石は古来より交通の要所で、六甲山系の西端に位置します。南には瀬戸内海に面しており、西国大名への抑えとともに、軍事的拠点ともな

小笠原忠真相関図

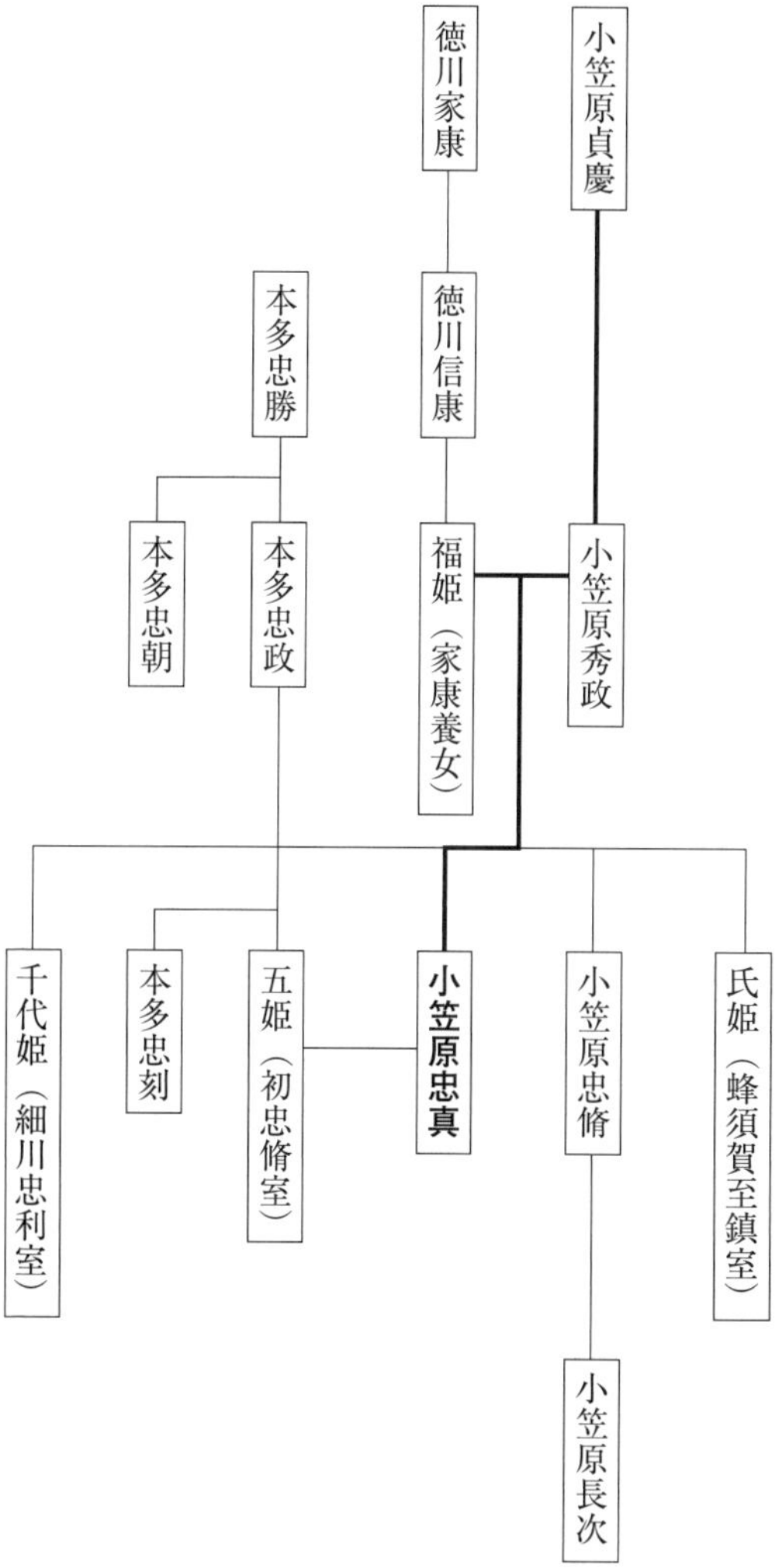

小笠原貞慶
徳川家康
徳川信康
本多忠勝
小笠原秀政
福姫（家康養女）
本多忠政
本多忠朝
氏姫（蜂須賀至鎮室）
小笠原忠脩
小笠原忠真
五姫（初忠脩室）
本多忠刻
千代姫（細川忠利室）
小笠原長次

ります。

忠真の明石移封の背景には、姫路藩主の交代もあります。元和二年、姫路藩主池田利隆が亡くなりました。跡継ぎの光政は幼少だったため、池田家は鳥取へ移りました。新たに姫路に移ったのが譜代大名の本多忠政です。姫路一五万石で入り、この際息子の忠刻も妻千姫の化粧領として一〇万石が与えられました。

先述の通り、忠真は忠政の娘婿にあたります。幕府は、播磨国を本多の血縁で固めようとしたと考えられます。そのうえ、忠真の姉は阿波と淡路を領有する蜂須賀至鎮に嫁いでいました。幕府は縁戚関係を活用して、大名による支配が潤滑に進むように配慮していたのです。

（3）忠真到着時の明石

忠真が明石を与えられたころ、明石はどのような町だったのでしょうか。幕府による一国一城令で船上城が破却されたため、とてもさみしいものだったと伝わっています。また、侍屋敷の数が足りず、明石と三木に家臣を分けて留めることになりました。明石城と城下の整備が喫緊の課題であったことがわかります。

◎――明石城築城

(1) 将軍からの命令

元和四年(一六一八)、将軍秀忠は本多忠政の統括のもと、忠真と本多政朝(忠政二男)に明石・龍野城の築城を命令します。それぞれ幕府が事業をすすめる「公儀普請」として築城されることが決定しました。幕府が明石城をいかに重視したかがわかります。

築城にいたって、場所の選定が行われました。候補地としては、塩屋・和坂《かにがさか》・人丸山が選定されました。このなかで秀忠の判断で人丸山に決まりました。新城の場は六甲山系の西端にあり、南は海に面し、北は剛の池にまでに広がる狭長な谷と伊川があり、西には明石川があって、主に西側への防備を固めることに適切であったからと考えられます。明石城の役割としては、西国の抑えである姫路城と、その後詰としての機能が考えられます。

当時人丸山には柿本人麻呂を祀っている社がありましたが、築城にあたり、現在の人丸山へ移されました。

(2) 築城にあたっての特徴

明石城築城にあたり、二つの特徴をあげておきます。

①天守がないこと。明石城には天守がありません。これは、もともと台だけという話と、当初は天守が存在した可能性も指摘されています。[5] しかしながら、近世を通して天守が明石城にそびえていたことはなく、坤櫓が天守の代わりになっていました。

②遺構を再利用すること。明石城には、船上城の遺構や三木城（現三木市）、高砂城（現高砂市）、そして伏見城の遺構も活用されたと伝わっています。巽櫓は船上城から、坤櫓が伏見城から再利用したと考えられています。もっとも、このように築城にあたって、別の城の旧材を用いることは他の城でも例があります。

（3）築城経緯

築城にあたっては、旗本の都築弥左衛門・村上三右衛門・建部三十郎が幕府から派遣され、奉行となりました。さらに、銀一〇〇〇貫が幕府から支給され、京・大坂の町人による請負普請がとられました。石垣の築造等による大規模な台場工事は幕府直轄で行い、武家屋敷は小笠原家の自費による工事が行われました。

元和五年正月に城普請が始まりました。八月には本丸・二の丸・三の丸の石垣と三の丸の堀・土手の普請が完成して、建造物を建てる「作事」が開始しました。翌年には早くも忠真が入城しました。ただし、明石城が本当の意味で完成するのは、忠真が明石を離れて以降のことでした。

（4）明石城の構成

それでは、明石城の構成を見てきましょう。本丸には四基の三階櫓があり、二ノ丸などに二層と一層の櫓が二〇カ所建てられました。

本丸には西隅に天守台がありました。また藩主が生活する御殿がありました。

御殿は、一部三階造りです。さすが藩主が住む空間には華やかな絵画が描かれました。藩主が入る上座には、金張付の檜林の柄。玄関前の座敷には金張に大竹と虎。書院には雪の佐渡及び金泥の金粉を使った唐絵（虎と山水の絵）。寝室には、小鳥尽くし。次の間に

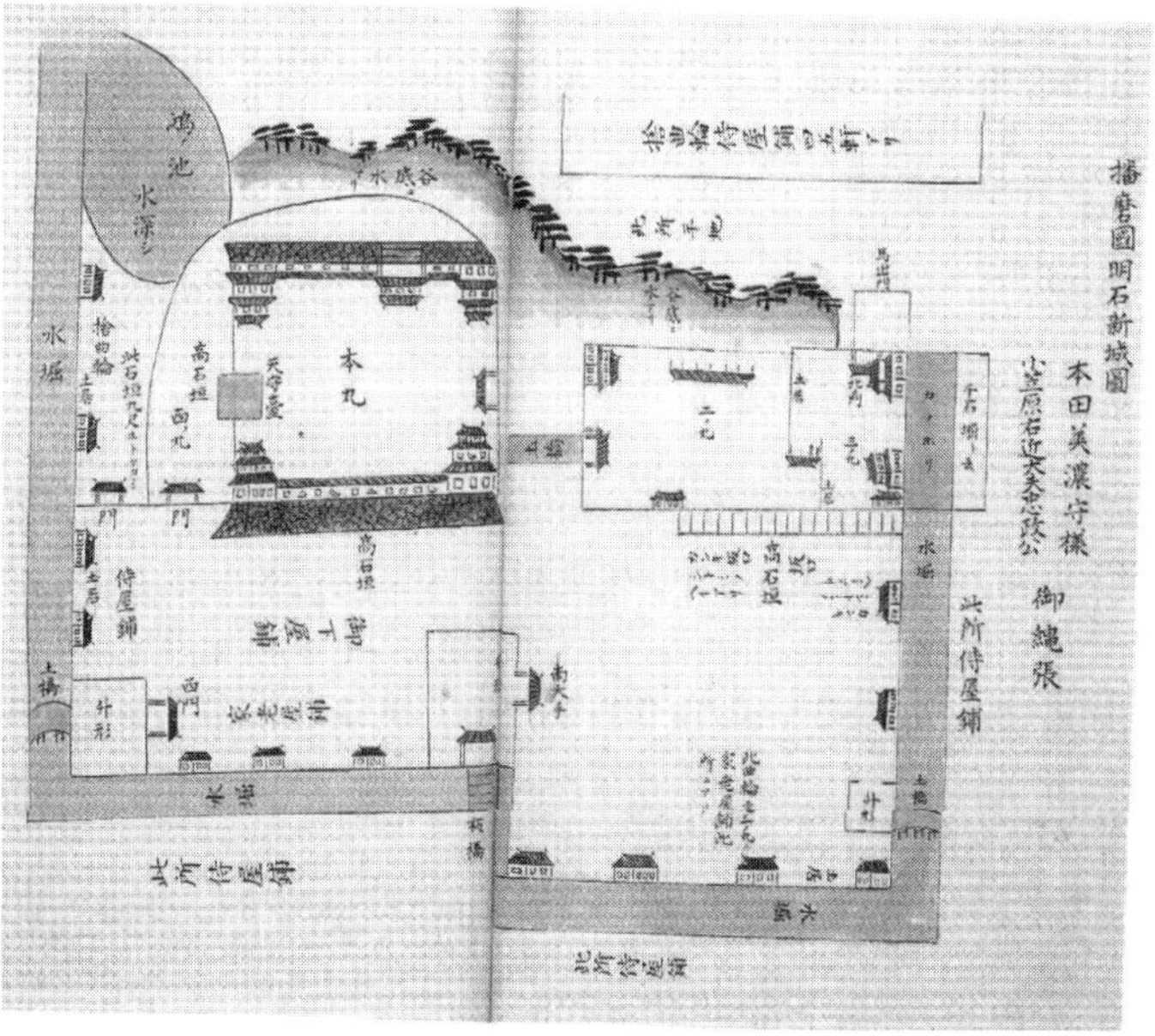

播磨国明石新城図（小笠原忠真一代覚書乾）
（東京大学史料編纂所所蔵謄写本）

竹林に雉の群。さらに次の間には藤の花の図と続きます。そして二階には、鹿と紅葉。三階には武蔵野の月が描かれました。絵師長谷川等仁が描いたとされています。

二ノ丸・三ノ丸には、二重矢倉や大腰懸などがあり、北捨曲輪に古老の侍屋敷を設けていました。

本三ノ丸は本丸や二・三ノ丸（元の三ノ丸は後世に東ノ丸と呼ばれます）の南側にあり、御下屋敷と馬屋のほか、重臣屋敷などが設けられました。御下屋敷は城主の私邸でした(6)。

（5）城下の整備

城下はどのような整備がなされたのでしょうか。まず、西国街道を南へ付け替え、明石城下を通過するようにしました。町屋の東側に「京口門」、西側に「姫路口門」をそれぞれ設けて、番所を設置しました。さらに、京口門近くに朝顔光明寺、姫路口門に十王堂という寺院を置き、有事には兵を配置できるようにしました。

内堀と外堀の間に侍屋敷が置かれ、外堀の外側に町屋が並びました。町人の町として、鍛冶屋町・細工町・東魚町・東本町・西本町・西魚町・信濃町・東樽屋町・西樽屋町・明石町が成立(7)し、町割の原型が出来上がりました。

ところで、この際、剣豪宮本武蔵が町割を行ったと言われています。武蔵はほかにも明石城三の丸西の庭園（現在の明石公園の陸上競技場あたり）を整備したといわれ、御茶屋・御屋敷・

風呂屋・築山・泉水・瀧も配置したとされています。しかしながら、現状では詳細は不明といわざるをえません。

港の整備も見逃せません。元和七年、明石港の掘削が始まりました。砂浜に石垣を積んで、港を築きました。船上城から廻船などを移動させ、「当津湊」「堀川」と名付けられました。(8)

(6)明石城の罹災

整備が進んだ明石城でしたが、寛永八年(一六三一)、忠真夫妻が甥の長次の結婚祝儀のため龍野へ出かけていた際に、御殿が全焼しました。この際、武器庫の多門櫓にも延焼して爆発が起こっています。

同年から早速再築工事が始まりました。本丸に屋敷を作らず、本三の丸西半分を居屋敷に大改造しました。しかしながら、完成前に忠真は明石を離れています。

◎――忠真の治世

忠真は明石でどのような政治を行ったのでしょうか。

元和六年(一六二〇)、町内の整備の一環として、明石総町の地子を免除しました。この政策は忠真以後の明石藩主にも継承されています。

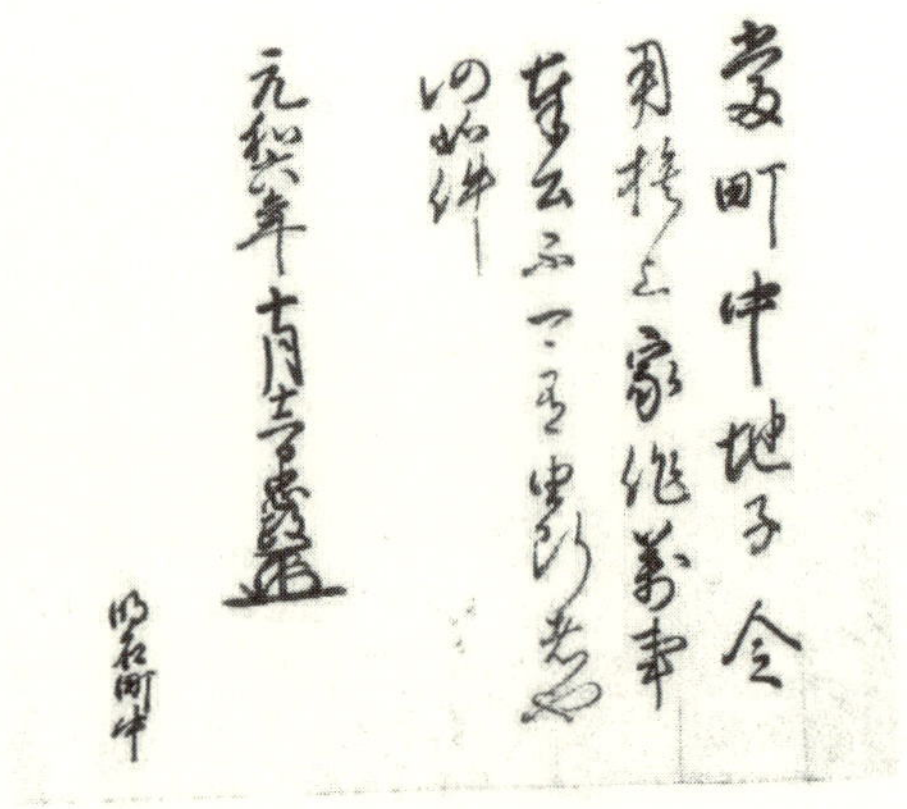

小笠原忠真地子免状
（明石市立文化博物館所蔵）

同年、浜辺に五ケ所の番所群を設けました（明石前番所・大倉谷・塩谷・船上・藤江）。

番所には大筒を備えた二階矢倉を設けて、番頭を筆頭に騎馬五騎と鉄砲大将二人・足軽五十人・人二十人を配置しました。これは広島藩の福嶋正則が勝手に石垣を修復したことにより、幕府より処分を受けたことにともなう措置で、海上交通の管理を意識したものと考えられます。西国大名への抑えでもあったのでしょう。

また、忠真の文化事業として、御庭焼（朝霧焼）の成立があげられます。当時京都などで修業をしていた戸田織部之助が忠真の命で焼いたと伝わります。藩主の贈答品などで用いられ、事実かどうかはっきりとしませんが、京焼で知られる野々村仁清が戸田に技法を伝えたともいわれています。

忠真の治世については、まだまだわからないことが多く、今後さらに検討することが求められています。

◎――忠真九州へ

寛永九年（一六三二）、忠真は三代将軍家光より五万石を加増されて豊前小倉へ移封になりました。あわせて甥の小笠原長次が豊前中津八万石、弟の忠知が豊前杵築四万石、弟の松平重直が豊前竜王三万七千石へそれぞれ移封となりました。

忠真は一門の大名を従える形で九州へ向かったことになります。かつて忠真の岳父本多忠政が中心となって播磨を抑えたように、今度は忠真が中心となって九州北部を抑えることを期待されたのでしょう。

忠真が亡くなったのは、寛文七年（一六六七）です。以降、小笠原家は小倉藩主として代々幕末まで存続していくことになります。

◎――おわりに

最後に、小笠原家が離れたあとの明石藩主について概観していきましょう。

（1）相次ぐ藩主家の交代

小笠原忠真が明石を離れたあと、明石藩を治める大名家は頻繁に交代しました。忠真ののち、しばらく明石は幕府領となりました。寛永十年（一六三三）に入ってきたのが、戸田松平家です。信濃松本から移封されてきました。尼崎藩主だった戸田家とは縁戚で、一門で大坂以西を支配することを幕府から期待されたものと思われます。康直・光重と続き、寛永十六年に美濃加納へ移りました。戸田松平家時代の特筆すべき事業に、明石港や西新町の整備があげられます。

ついで明石に移ってきたのが、大久保家です。寛永一六年に大久保忠職が美濃加納から入りました。ちょうど戸田松平家と入れ替わりになったのですね。ですが、明石を支配したのは忠職一代で終わり、慶安二年（一六四九）には肥前唐津へ移りました。

その後明石へ移ってきたのが、藤井松平家です。慶安二年に丹波篠山から入りました。忠国・信之と二代続きましたが、いずれも明石では明君として知られています。

忠国は、新田開発を行うとともに、源氏物語・平家物語の舞台として明石をとりあげました(9)。現在では歴史上もしくは伝説上の人物・事象を町づくりに活用することは珍しくありませんが、忠国が行ったのは、そういった事業の先駆けといえるかもしれません。

息子の信之も新田開発などを行い、明石藩内の整備を進めた人物です。信之は延宝七年（一六七九）に大和郡山へ移りました。信之はその後幕府で老中にまでのぼりつめ、幕政でも活躍することになります。

松平信之が明石を離れた同年、本多家が入れ替わりで大和郡山から入りました。小笠原忠真の岳父本多忠政の一門です。しかし明石に入ってきた本多政利はあまりにも評判のよくない大名です。そもそも明石へ移ってきた際も、本家との御家騒動を起こしていたところでした。結局、天和二年（一六八二）に奥州岩瀬へわずか一万石で配流同然で移され、やがて改易処分となります。

（2）越前松平家

こうして次々と大名家が変わっていった明石藩ですが、いよいよ家が定着することになります。それが越前松平家で、越前大野より移封されてきました。

越前松平家とは、徳川家康の二男、結城秀康を祖とする家です。本家は福井の松平家ですが、庶子たちも分家として独立していきました。明石松平家は越前松平家の庶流にあたります。歴代当主は、直明から直常・直純・直泰・直之・直周・斉韶・斉宜・慶憲・直致と続き、明治維新を迎えます。

近年、松平家伝来の資料が、明石市へ一括で寄贈されました。現在神戸大学にて調査が進められ、毎年その成果が明石市立文化博物館にて企画展として発表されております。今後の調査成果が期待されるところです。

《注》

(1)三宅正浩「大坂の陣と小笠原秀政・忠脩・忠政」『明石市市制九十周年・明石築城三九〇周年記念特別企画展　大坂夏の陣と明石藩成立』(明石市立文化博物館、二〇〇九年)
(2)三宅氏前掲論文
(3)『寛政重修諸家譜』第三(続群書類従完成会、一九六四年)
(4)『寛政重修諸家譜』第三
(5)三宅氏によると、細川忠利(忠真の妹婿)の父である忠興が、中津城の天守を忠真に渡すという話が残っていることを指摘する。ただし、三宅氏は明石城に天守が建てられたことは確認できないと主張する。三宅正浩「小笠原忠政の明石入部」『明石市市制九十周年・明石築城三九〇周年記念特別企画展　大坂夏の陣と明石藩成立』
(6)『清流話』本稿は『講座明石城史』所収の資料編を活用した。
(7)宮本博「「町割」と「築港」」『講座明石城史』(明石城史編さん実行委員会編、二〇〇〇年)
(8)宮本氏前掲論文
(9)中野直行「松平忠国の治世」『講座明石城史』

《その他参考文献》

黒田義隆『明石藩略史』（明石葵会、一九八一年）
『明石市立文化博物館総合案内（第二版）』（明石市立文化博物館、一九九七年）
『講座明石城史』（明石城史編さん実行委員会、二〇〇〇年）
三浦俊明、馬田綾子編『街道の日本史三九　播州と山陽道』（吉川弘文館、二〇〇一年）
『明石市市制九十周年・明石築城三九〇周年記念特別企画展　大坂夏の陣と明石藩成立』（明石市立文化博物館、二〇〇九年）

戦国の龍野城主・蜂須賀小六正勝

新宮 義哲

◎――大柄な蜂須賀小六正勝のイメージ

ドラマや映画、小説で取り上げられる歴史上の人物のうち、豊臣秀吉は大変人気のある一人でしょう。それらのほとんどに、秀吉の幼きころより天下統一を果たすまでの生涯で、一番長い時間秀吉と共に行動する武将であり、秀吉の腹心として蜂須賀小六正勝（一五二六〜八六）が登場します。そして、その風貌は、髭づらで大柄で勇ましい姿で登場することが多いのではないでしょうか。多くの人は蜂須賀小六正勝が「野武士」で武骨なイメージを思い浮かべるのではないでしょうか。正勝だけではなく、戦国時代以前の武将の姿は、江戸時代の読み物や軍記物などを通して広く民衆に伝わることが多いため、どうしても私たちが想像する人物像は、色々な物語の中で作られていきます。

とくに秀吉の生涯は、江戸時代に書かれた『太閤記』によって知られるようになります。秀吉を取り巻く武将たち、小六正勝も同様に『太閤記』から受ける印象が強かったのでしょう。

例えば、『甫庵太閤記』（寛永二年／一六二五）は数ある『太閤記』のなかで特に有名なもので、巻之一「秀吉輕一命於敵国成要害之主事」に、秀吉が信長の家臣として出世するきっかけとなる墨俣城築城のエピソードが書かれています。蜂須賀小六は秀吉が築城を助けたとされており、ドラマなどでのおなじみの話です。

「当国には夜盗強盗を営みとせし其中に、能兵共多く候。然間篠木、柏井、科野、秦川、小幡、守山、根上がは、并に北方野川筋に付て、左様之兵を尋ね記し、其者共番手にし、彼要害に入置給んやと申し上げしかば、尤也とて、名字を記し付見給ふに千二百人餘人に及べり。其中にても、武名も且々人に知られ、番頭に宜しからんは、稲田大炊助、青山新七、同小助、蜂須賀小六、後号彦右衛門。……」

と書かれています。

つまり、(信長が美濃攻めについて、柴田勝家や丹羽長秀ら老臣を呼び集め評議しましたが、なかなかいい意見が出ない)。すると秀吉が、当国(美濃・尾張)には夜盗や強盗やというような兵隊がいます。木曽川に合流する篠木川などの小河川を訪ねてそれぞれの番手にしましょう。だいたい千二百人ぐらいの人があがった。その中でも武名が知られ、番頭(番手の頭)にしてよい人物の中に「蜂須賀小六、後に彦右衛門と号す」と、蜂須賀小六の名が見えます。ここでの蜂須賀小六は、元々は夜盗・強盗を営みとしていたと紹介されています。

また、『絵本太閤記』(寛政九年/一七九七)では、『太閤記』をもとに、挿絵が挿入されていますが、日吉丸(秀吉)と「近国の野武士」小六が矢作橋で出会う有名な場面があります。矢作橋は江戸時代にできた橋だとのことで、実際にはこの話は江戸時代の創作だろうといわれ

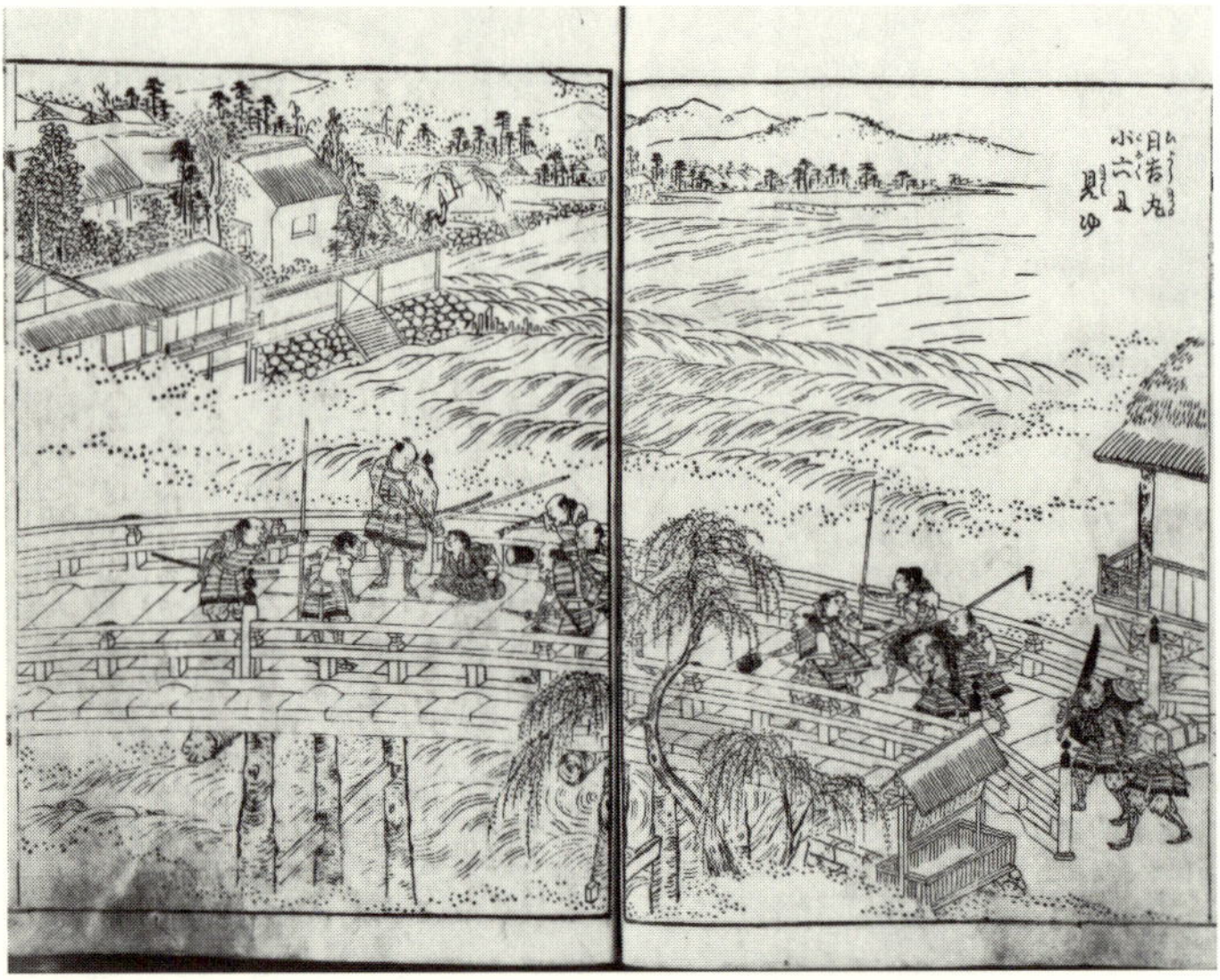

『絵本太閤記』小六と日吉丸の出会いの場面
（たつの市立龍野歴史文化資料館提供）

ています。後に語られるような髭面では書かれていませんが、やはり野武士として登場しています。

そのほか、『蜂須賀家記』は江戸時代後期に編纂された蜂須賀家の藩史ですが、若干、墨俣城に関係することが出てきます。

史料の信ぴょう性については、様々な研究者や郷土史家の方々が注目している『武功夜話』には「侠気猛く豪勇近隣に聞え高し。川筋七流の輩下の者数千人群牢す」と、正勝が尾張・未納辺りの川並衆の中でも近隣にその名前が通っていることが書かれています。

川並衆というのは、尾張と美濃の境を流れる七本の川筋で生計を立てている人のことです。

しかし、蜂須賀家が幕府に提出した正式な家譜には、秀吉との橋での出会いや墨俣城の話は出てきません。徳川史観である江戸時代の中で、意図的に秀吉との記述を削除したということも考えられますが、後世の創作の可能性もあります。

これら、『太閤記』や江戸時代の編纂物の多くに共通するのは、蜂須賀小六が野武士・荒ぶれ物として描かれている点で、太閤記の物語が人気になると、浄瑠璃や歌舞伎で上演されるようになります。そこでは、橋の上での秀吉と小六の出会いの場面が描かれ、二人の出会いの物語性が高まっていったのでしょう。物語に登場する武者絵も描かれるようになりますが、錦絵「太平記英勇伝」（慶応三年／一八六七）で見られるように、小六が大柄の髭づらの男として描かれています。正勝のイメージが定着していったのでしょう。

◎——小柄だった蜂須賀小六正勝？

一方では、大柄ではない小六正勝を想像させる資料もあります。

「蜂須賀正勝画像」（徳島市立徳島城博物館蔵）は正勝の死去直後、嫡子家政の依頼によって制作されたものです。髭がちょっと生えていて、おでこが広く、耳も大きくて、無骨な感じのしっかりした顔で、秀吉を支えて戦国をずっと生きてきた人だなという印象があります。亡くなってすぐ描かれたこの絵は、正勝の実像に近いのではないかと思われます。

小六正勝の所用したと伝わる具足もありますが、徳島市立徳島城博物館が所蔵する「朱漆塗萌葱糸素懸威胴丸」は、胴高三十二センチ、「革包腹巻具足」は胴高三十センチです。例えば、黒田官兵衛着用と伝わる「黒糸威胴丸具足」（福岡市博物館所蔵）の胴高は三十六・八センチで、赤穂藩主森家伝来の森長可着用「黒糸威伊予札二枚胴」（大石神社蔵）の胴高は三十三センチであるのと比べると、正勝が所用したと伝わる鎧は小ぶりです。森長可の鎧については、『甲子夜話』に「黒糸威の鎧なるが、小兵と覚えて、胴小さくしてそれがしに合わず」と時の赤穂藩主・森忠賛が語ったことが記されています。つまり、三十三センチの鎧から江戸時代の武将が連想する体型は決して大柄でなく、むしろ小柄であったことがわかります。正勝の鎧は、「小兵」森長可の鎧よりも小さいのですから、正勝は、後世に語られるような巨漢ではなかったと考えられるのです。

ではなぜ蜂須賀小六正勝は、髭づらで大柄で秀吉を支える勇猛な武士というイメージで伝えられてきたのでしょうか。

◎——物語の中の蜂須賀小六正勝

『絵本太閤記』の「橋の上、大柄、小柄」の三点セットは、秀吉・蜂須賀以前の「ある人」を思い起こさせます。日本人が大好きな歴史上の人物で「判官びいき」といわれる言葉を生み出した、小柄な源義経と大柄な弁慶との五条の橋の上での出会いを連想させます。この二人の出会いをはじめ義経と弁慶の物語は、中世以降、多く語られる人気の物語になっていきますが、江戸時代以降も歌舞伎などで数多く上演された題材です。義経と弁慶以外にも、日本の江戸時代のいろいろな物語のなかでは、主人公とそれを支える家臣が橋の上で出会うとか、重要な場面で橋の上で何かが出会うということがよくあるそうです。出会う場面とし

錦絵「太平記英勇伝・八菅與六正勝」

ての「橋」、何か特別な場所としての「橋」というのが、古代・中世・近世を通じて日本人の意識のなかにあったようです。義経と弁慶の五条の橋の上での出会いも、後の時代に時代を経て物語性が高まっていった話ですが、それと同じように、江戸時代に『太閤記』などが出版されて「太閤さん人気」がふくれ上がっていくときに、秀吉を盛り立てる家臣が必要になりました。それが蜂須賀小六正勝だったのです。

なぜ、小六正勝がということですが、やはり野武士・野党・川並衆といった力仕事、荒ぶる姿の記述が多いこともその背景にはあったと思いますが、秀吉の家臣団の中でも信長の家来であった秀吉から天下統一までのその半生において小六正勝が秀吉と行動を共にしていたことが大きかったのでしょう。

さらに、秀吉の家臣団はいくつかのカテゴリーのようなものがあります。たとえば近江衆といわれるのちの五奉行や有力大名であった後の五大老。また、七本槍で有名な加藤清正、福島正則、脇坂安治などの子飼いの武将たち。そして、近年大河ドラマで話題となった黒田官兵衛・竹中半兵衛の軍師です。ところが蜂須賀小六は、どのカテゴリーにも入っていないように思います。だけど秀吉とずっと一緒にいて、官兵衛が朝鮮出兵のときに秀吉からお咎めを食らったというような、秀吉からの叱責を受けるといったようないざこざが生涯ないのです。そういったこともあって、幾多の物語が流行する中で、小柄なイメージだった秀吉に義経のイメージが重ねられ、義経と共に行動した弁慶が、秀吉にとっての弁慶、つまり大柄な小六正勝のイメージが生まれたのではないかと思います。そして弁慶としての小六について、「夜盗・強盗」「野武士」「川並衆」「勇猛」などの背景から「髭をはやした大柄な」そういうイメージがつくられていったのではないでしょうか。

◎――蜂須賀家の出自

蜂須賀小六正勝の研究書には、渡辺世祐『蜂須賀小六正勝』（一九二九年）、牛田義文『史伝蜂須賀小六正勝』（二〇〇八年）があります。『史伝……』はおもに『武功夜話』を使って蜂須賀小六正勝を紹介しています。また、徳島市立徳島城博物館からは特別展図録『武将のふるさと―蜂須賀正勝・家政―』（二〇〇〇年）、『蜂須賀三代　正勝・家政・至鎮―二五万石の礎―』（二〇一〇年）、『中国国分／四国国分―秀吉の天下取りと智将・蜂須賀正勝―』（二〇一五年）が出ており、二〇一七年度にも蜂須賀小六正勝に関連する展示会を開催するなど、蜂須賀の研究には欠かせない資料を出版されています。参考にしていただければと思います。

さて、蜂須賀家の出自等については、多くの戦国武将がそうであるように不明な点が多いのです。蜂須賀家の出自は清和源氏に発し、「丹波蜂須賀家譜」「肥後蜂須賀家譜」「蜂須賀伝」

蜂須賀家の菩提寺だった蓮華寺（愛知県あま市）

の三種類の系譜が知られています。

・「丹波蜂須賀家譜」源頼政の弟・頼行の子である政員が、外戚の蜂須賀二郎兵衛尉影成に養われ同家を継ぎ、蜂須賀姓を名乗った。

・「肥後蜂須賀家譜」源義家を経て足利義兼の二子・義房からの分かれで、尾州海東郡蜂須賀郷に住み、蜂須賀隼人佐と称したことに始まる。

・「蜂須賀伝」足利義兼の末裔が斯波氏を称し、孫の義重が室町時代の初め尾張守護となり、その支流が蜂須賀の地に土着し、蜂須賀姓を名乗る。

尾張国の蜂須賀郷に住み着き土着して、蜂須賀という名前を名乗ったと一般に考えられています。この三つのなかでは、

「蜂須賀伝」が一般的に流布しているそうですが、渡辺世祐氏は前述著書で「肥後蜂須賀家系図」から出自を解説しています。

ところで、蜂須賀小六を生み出した、蜂須賀郷のある愛知県あま市に行ってみました。ここに蜂須賀村があったそうです。小六正勝の菩提寺だった蓮華寺という真言宗の寺が現在もあり、小六・家政の位牌がまつられているそうです。江戸時代、参勤交代の途中に蜂須賀家藩主は必ずこの蓮華寺に立ち寄って寄進したという話が残っています。寺から百メートルほど離れたところが蜂須賀小六正勝の旧宅跡と伝わっていて、そこに昭和二年（一九二七）、「蜂須賀小六正勝公顕彰碑」が建てられました。当時の蜂須賀家当主、蜂須賀正韶《まさあき》さん父子が出席されて盛大な除幕式が行なわれたそうです。現在の蜂須賀家当主は海外で暮らされているそうで、海外に行くときに蜂須賀家に伝わった資料を徳島城博物館に寄贈されたそうです。

蜂須賀の地名の由来は、「毎年夏になると怪異な蜂が発生し里人を悩ませたので、弘法大師が加持し、蜂を封じる八塚を築いたことから、高須賀を改め蜂塚と称するようになった」ということです。「スカ」という地名は、地元の人に聞くと「砂が盛り上がる丘みたいなところをスカという」とおっしゃっていました。

◎――蜂須賀小六の出自と前歴

蜂須賀小六は大永六年（一五二六）尾張蜂須賀郷に生まれたとされます。先ほどお話ししたように現在の愛知県あま市蜂須賀で、蜂須賀城という小さな砦みたいな城があったとされ、顕彰碑が建てられています。生誕地については確かな史料があるというわけではなく、地元の伝承によるようです。父の名は正利、母の本名は不明です。幼名を小六といい、小六が六歳のときに母が、二十八歳のときに父が亡くなりました。弟が二人、妹が一人います。永禄元年（一五五八）、子の家政が蜂須賀村で生まれます。

秀吉と出会う前の蜂須賀小六正勝についてはよくわかりませんが、幕府に提出した『寛政重修諸家譜』によると、当初は犬山城主織田信清に属しましたが、信清は信長に滅ぼされます。永禄三年（一五六〇）には織田信長に仕えて桶狭間合戦において首一級を得ました。同七年、信長が斎藤氏を攻めた美濃国稲葉山城（現在の岐阜市）の合戦に参戦しました。永禄九年、信長は足利義昭を奉じて京都に入り、新しい信長体制の政治を行なって何人かの家臣を奉行として京都に置きます。そのなかに木下藤吉郎（羽柴秀吉）がいました。信長は朝倉氏の越前国（現在の福井県北部）を攻めますが、なかなか攻めきれずに苦労します。元亀元年（一五七〇）、その朝倉氏の越前国手筒山城（現在の福井県敦賀市）攻めで正勝は高名がありました。手筒山城落城後、朝倉氏と同盟を結んでいた浅井氏が、織田氏を裏切って襲った「金ヶ崎の戦い」では秀吉の殿《しんがり》軍で殿をつとめました。

◎――信長の家臣から秀吉へ

『中国国分／四国国分』の森脇崇文氏論文によると、正勝の発給文書は五十四点が確認されていて、初見史料は永禄十一年（一五六八）、尾張もしくは美濃で段銭徴収を行なったというものです。役人として仕事をしています。請取状は秀吉から発給されており、この当時、秀吉

正勝宅跡と顕彰碑（愛知県あま市）

与力として附属していました。つまり、信長が秀吉に付けた家臣だったようです。この時代はそういうことが多く、明智光秀も信長の家臣でありながら足利義昭の家臣であって、両方から給金をもらっていました。そういうことで、『太閤記』などにあるように、橋で出会ってそのまま秀吉の家来になったわけではないようです。

翌永禄十二年、京都光源院領の貢納徴収を秀吉が代行するにあたり、正勝は足利義昭近臣二名との調整役として活動しました。これは、元々は将軍家の領地だった土地の年貢を将軍か寺か、どちらがもらったらいいのかというような調整です。元亀三年（一五七二）、京都大徳寺賀茂領の指出《さしだし》に携わったことが、後の大徳寺からの使僧派遣などを感謝した史料に取次役として正勝の名前が見えることからわかります。これは、大徳寺の年貢をもらうのにどれだけの土地があるか、どれだけの年貢を出してもらったらいいか、検地のようなことをしたわけです。

こういった史料を見ていくと、野武士で荒っぽいようなイメージがある正勝ですが、そうではない、官僚的な仕事のできる男であることがわかります。

正勝は永禄十一年（一五六八）には、信長の命を受けて秀吉与力として供奉していたとみられます。その後、秀吉配下として元亀元年（一五七〇）の越前朝倉攻め、近江浅井氏攻めに加わり、同四年の朝倉氏討伐後、秀吉は浅井旧領の近江長浜城主となり、正勝は長浜領内で加増を受けました。それからも秀吉と行動を共にします。

◎──秀吉の播磨侵攻 ──播磨地方の転換期──

天正五年（一五七七）、秀吉は紀州─北陸─大和を歴戦後、播磨に侵攻します。播磨にとってものすごく大きな時代の転換期を迎えます。中世からの名門赤松氏の勢力が弱くなったとはいえ、播磨以外の大名が侵攻してきたのです。このとき、秀吉四十一歳、正勝五十二歳。正勝は秀吉とともに播磨を転戦します。

まず、秀吉は上月城を落城させます。赤松広秀が城主の龍野城は降伏し、織田方につきます。秀吉は上月・龍野攻めについて、天正五年十二月五日付で下村玄蕃という人に手紙を送っていますが、「然者竹中半兵衛・小寺官兵衛両人先ニ遣候処」竹中半兵衛と黒田官兵衛が先方として西播磨に侵攻してきました。佐用と上月を先月攻め滅ぼして「今日五日播州龍野迠打入候」とあります。また、女子供を二百人あまり美作・備州・播磨の三か国の境目に子供は串刺しにして女は磔にしたということも書いています。秀吉の播磨侵攻の様子がよくわかる史料です。

天正六年、三木城主・別所長治が信長に背き、籠城戦が始まります。秀吉と正勝は播磨に再度侵攻し、書写山に着陣します。このころ正勝はまだ信長の家来で、美作国・江見氏に対する秀吉の取次（秀吉の味方になるよう勧める）。秀吉から信長への戦況報告の使者。美作国・草刈景継に対する信長の取次。などを行なっています。その一方で、摂津矢田城の安部二右衛門への勧降を進めながら、天正八年、秀吉は三木城、英賀城、長水山城攻略にも参戦したことでしょう（長水山城を落城させたのは蜂須賀正勝の軍）。

目まぐるしい攻防が播磨で展開されるなか、小六正勝も播磨統一に大きな貢献をしました。

播磨統一後、秀吉配下の大名が播磨に配置されることとなったのです。天正十一年の賤ヶ岳の合戦の戦勝後には加増転封が行なわれていますが、播磨の所領配置は、黒田孝高が揖東郡一万石、浅野長政が揖東郡四千六百石、一柳直末が揖西郡二千五百石、蜂須賀正勝が龍野に五万三千石。小西行長が揖西郡室津（及び小豆島）。陸上交通の要所には黒田、蜂須賀を配置し、海上交通の要所には「海の司令官」小西行長を配置しました。

この播磨侵攻から中国攻めの過程は、①播磨外からの武将が播磨の大名となる。秀吉配下の大名を配置。②兵糧の運搬、付け城の整備、大量の兵士・材木・兵糧の輸送体制（システム）の整備。四国、九州の征伐に向けての海上輸送の整備。など、播磨地方にとっても秀吉にとっても大きな時期だったといえます。大量の輸送体制の構築は、秀吉の天下統一・そして大陸への侵攻には不可欠なものです。結果的に、播磨支配が、天下統一の足掛かりとなったのです。

◎——龍野城主・蜂須賀正勝

正勝の龍野拝領は、蜂須賀家の重要な事柄を書き綴った『阿陽忠功伝』では天正五年となっていますが、実際には天正九年のことです。

このころ小六から彦右衛門へ名を改めたといわれますが、もっと早く、永禄ごろから使われていたようです。小六の名は、家政が継ぎました。

天正九年（一五八一）、正勝に、龍野城五万三千石が与えられたのは、中国地方の毛利が脅威で、姫路を拠点としてさらにその西へ攻めて行こうとしている秀吉にとって、龍野は中国・山陰方面への備えとして重要な場所であり、信頼できる正勝を龍野に配置したのではないでしょうか。正勝に対する秀吉の信頼が厚かったことがわかります。五万三千石の範囲は不詳ですが、現在のたつの市から姫路市網干区にかけての範囲だと推測されます。赤松氏が強い西播磨で、赤松氏以外の初めての龍野城主が五万三千石で誕生したことは大きな意味を持ち、西播磨にとって時代の変換期の象徴の一つといえます。赤松は蜂須賀の家来になったようです。

天正十三年に蜂須賀が阿波国に移封になった後、秀吉は龍野城に、福島正則（〜天正十五／一五八七年）―木下勝俊（文禄三／一五九四年）―小出吉政（文禄四年）―山口広貞（在城せ

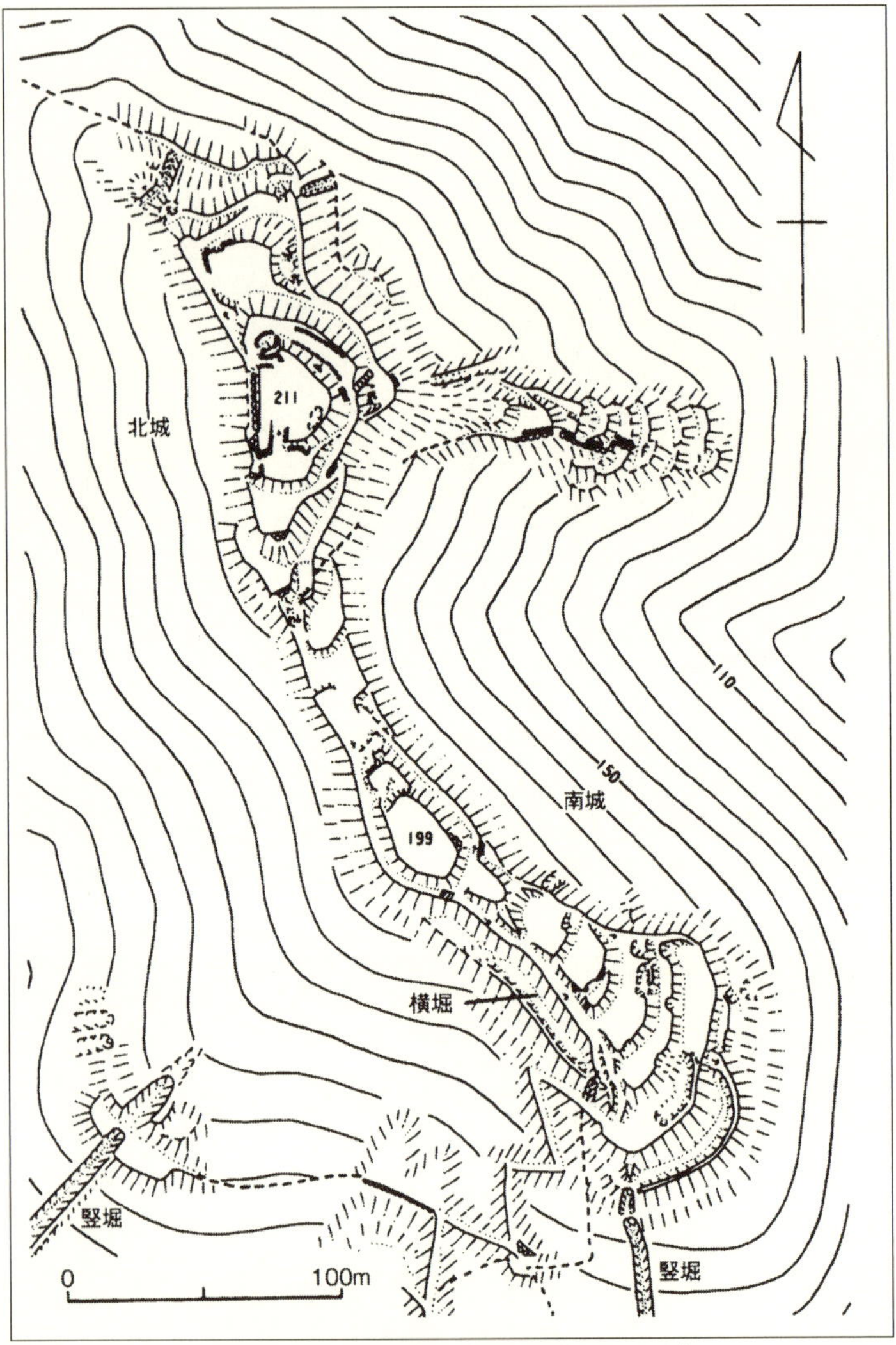

龍野城山上部縄張図（『龍野城物語』より）

ず）―秀吉蔵入地と、自分の子飼いの武将や身内など信頼できる人間を置きました。木下勝俊はねねの兄の長男です。ちなみに福島正則もあま市の出身です。

龍野城は、初見史料は大永五年（一五二五）で、赤松村秀の拠点として築かれたとされます。現在の山麓ではなく、山上に築かれていました。縄張の特徴としては、鶏籠山頂部を城域としながら、北城と南城で様相が違うことです（図録『龍野城物語』多田暢久氏）。瓦の散布は北城にはみられますが南城にはみられません。石垣は北城は比較的大型の石材を使用し、粗削りの加工石を含みます。穴太積みで、隅角部の算木積や反りはありません。隅角部がなく、曲輪の土留めとしてほぼ垂直に積んでいます。南城は戦国末期（赤松時代）のものと考えられ、北城は織豊期の特徴がみられ蜂須賀正勝も関わった可能性があります。

龍野での蜂須賀の事績は史料が少ないのですが、書状などを見てみましょう。

正勝が龍野城主になった天正九年、秀吉は鳥取城攻めなど山陰地方を転戦し、正勝は播磨での留守居役を担っていました。秀吉には家政が従軍しました。

天正九年（一五八一）七月二十七日付「蜂須賀正勝書状」では、正勝の家来が太子堂（揖保郡の斑鳩寺）で悪事を働いたので、「今後狼藉を行なう者がいたときは、近所なので捕まえて差し出してもらいたい」と秀吉の代官と思われる二名に依頼しています。天正十一年閏正月十六日付「蜂須賀正勝判物」では、碇岩村《いかりいわ》（たつの市御津町）へ出作（開発）する百姓について、三年間の夫役と諸役を免除するとしています。これは戦のあとの、いわゆる「村おこし」の政策です。ただしこの二つの文書は、花押から、正勝ではなく家政による可能性があるとされています（『中国国分／四国国分』森脇崇文氏）。

天正十年、正勝は信長から指示を受け、中国攻めの先陣として備中に下向しました。龍野城は留守居として家政が守りました。六月、本能寺の変が起こり、備中高松城攻めの最中の秀吉は急ぎ毛利と和議を結んで、「中国大返し」で山崎に行きます。すると、姫路はからになるわけです。誰が姫路城に残ったかというと、正勝なのです。もし毛利が攻めてきたら、という状況で、秀吉が信頼できる家臣が正勝だったのでしょう。

天正十一年後正月二十七日付「牛田又右衛門判物」では、先の書状を受けて、三年間の公事免除、一人に田一反を与え、荒田の年貢は一反につき五斗と定め、三年を過ぎて逐電した者は成敗するとしています。牛田氏は、秀吉から正勝に附属された与力で、多忙な蜂須賀親子に代わって領国経営にあたりました。信長は自分の家来の正勝を秀吉に付けましたが、それと同じように秀吉も自分の家来を正勝に付けたのです。牛田氏はその後、稲田氏らとともに徳島で蜂須賀家を支える有力な家臣となっていきました。

天正十一年三月「蜂須賀正勝書状」（徳島市立徳島城博物館蔵）では、正勝の甥益田才蔵に布施（たつの市）において知行五十石を加増する旨を伝えています。

これらから、正勝は、領国経営は家政や牛田に任せていましたが、知行宛行などの重要な権限は握っていてみずから行なっていたことがうかがえます。

◎――「勇将」と「智将」を兼ね備えた蜂須賀正勝

信長・秀吉政権での蜂須賀正勝の役割を見ていきたいと思います。

まず挙げられるのは「取次の先駆者」ということです。「出自と前歴」のところで、正勝が永禄のころ、秀吉が京都奉行をしているときから秀吉付で奉行的な役割をしていることをお話ししました。正勝は信長の家来時代から、「取り成し」「交渉」「取次」を担当してきたのです。山崎の合戦後には、明智勢の家臣の助命の取り成しまで行なっています。

秀吉政権においても、中枢的役割である「取次（交渉）」を担いました。

天正十年六月の本能寺の変をはさんだ天正年間、毛利は、最初は織田にとって、その次は秀吉にとって一番の脅威でした。その毛利攻めの最中に本能寺の変が起こり、秀吉は和議を結んで戻ってきて山崎の合戦に勝利しましたが、和睦はしたけれども決着はついていないのです。その決着のための取次を、蜂須賀正勝と黒田官兵衛がしていた、とくに正勝が中心となってしていました。

その交渉では「国分《くにわけ》（大名間の領土協定）を決定していくわけですが、「中国国分」においての正勝の働きは、以下のようなものです。

天正十年（一五八二）：小早川隆景の重臣に内応の呼びかけ。備中へ先鋒として下向し、備中吉備津宮に安全を保証する禁制を手配する。赤松広秀が正勝に附属。

天正十一年：（柴田勝家との賤ヶ岳の戦い。）黒田官兵衛とともに安国寺恵瓊らと国分交渉。伊勢長島へ派遣。

天正十二年：小牧・長久手の戦いに参陣。羽柴・毛利の婚姻成立に尽力（国分の最終段階）。

天正十三年：毛利氏が留保を求めていた伯耆八橋《やばせ》城、備中内部（松山城を含む東北部）の割譲を免除。備中国のうち賀陽《かや》郡・都宇《つう》郡・窪屋《くぼや》郡、美作国、および備前国のうち児島郡を毛利氏より割譲させ、宇喜多秀家に（秀家の所領が増大、後に五大老の一人となる）。

こうして、中国国分は本能寺の変から数年かかるわけです。そのあいだに賤ヶ岳の戦いがあり、小牧・長久手の戦いがありと、時々刻々と状況が変わっていきます。たとえば賤ヶ岳の戦いとなると、もし毛利が裏切ったら秀吉が不利になるので、毛利側は領土の割譲を免除するよう自分に有利な条件を言ってくるのです。正勝はそれをさせずに最初の約束通り決着させていきます。その割譲された岡山や児島が宇喜多秀家に充行《あてが》われ、秀家は大名になっていき、やがて五大老の一人になっていくわけです。秀吉政権下の新しい体制が芽生えていく中で正勝が大きな役割を担っていきます。

この時期、黒田官兵衛と蜂須賀正勝の「両使体制」で、官兵衛は主に山陽方面に関して播磨人としての地縁・人脈を活用し、国分の円滑な進展に寄与し、正勝は信長の命令を受けて山陽・山陰方面を含めた中国国分の完遂の最大責任者でした。両者は同格ではありませんでした。

また、「四国国分」は、以下のように進みました。

天正十年：信長三男・信孝らの四国出兵。織田氏側の取次は、明智光秀家臣の斎藤利三。

天正十一年：秀吉が派遣した仙石久秀が、讃岐国引田の戦いで、四国の大名長宗我部勢に敗れる。

天正十三年：蜂須賀・黒田が四国へ出兵。七月、長宗我部元親が降伏、正勝の取り成しに謝辞。

四国国分のあと長宗我部元親は土佐（現在の高知県）半国を許されますが、「それができたのは蜂須賀殿のおかげです」という手紙をやり取りしています。

「取次」をつとめることができるのは、①政権内で信用される人物。②内外に交渉手腕を持つ人物です。負けたほうにとっては、自分たちの領土や命を保障してもらい家を残していけるよう取り次いでもらうわけですから、敵方であっても信頼される人でなければつとまりません。

この役割を正勝は信長の時代も秀吉の時代もつとめた、とくに豊臣政権下に「取次」として大名と秀吉のあいだを取り持ち、秀吉の意思を奉じたことが、正勝の最大の功労ではないかと思います。

天正十三年、正勝は長宗我部元親への取次の功績により、阿波（現在の徳島県）一国（十七万三千石）を拝領しますが、辞退して秀吉付になり、大坂で暮らします。替わって家政が阿波国に封ぜられました。家政の阿波入国にあたり正勝は、稲田・牛田・林・中村・山田・森・西尾の七人の武将に天正十三年十一月三日付「蜂須賀正勝書状」という手紙を出しています。「一揆などいろいろな問題があるなかで家政のことを頼む」ということが書かれていて、家政のもと家中の結束を固めるための正勝の心遣いが感じられます。蜂須賀正勝の人となりを表す、いい手紙だと思います。

政治や軍事の中心が大坂にある秀吉政権において、瀬戸内は非常に重要な意味を持っていました。なかでも大坂に近い阿波国は重要な場所だったと思います。中国攻めをしていくなかで重要な場所龍野を与えたように、今度は阿波国を蜂須賀に任せたのでしょう。そして先ほどお話ししたように、龍野には福島正則が入城しました。正勝は四年しか龍野にいなかったわけで、残念ながら正勝関係の史料や墓などゆかりのものは残っていません。

◎――家康と蜂須賀家　―近世大名へ―

天正十四年（一五八六）、蜂須賀正勝死去。享年六十一。すでに家督は家政が継いでいました。その後家政は、子の至鎮《よししげ》と徳川家康の養女との縁組を結びます。慶長五年（一六〇〇）の関ヶ原の戦いには、家政は病気を理由に積極的参加をせず、領国阿波を豊臣家に返上しました。自身は剃髪し、蓬庵と号し高野山へ入りました。至鎮は家康に従い、東軍として参加しました。戦後、阿波国を安堵されます。大坂夏の陣（一六一五年）の功績により元和二年（一六一六）、至

蜂須賀正勝肖像画

鎮は淡路国も拝領しました。そうして蜂須賀家は近世大名へと変わっていき、江戸時代最後まで、阿波国で藩主として残りました。

◎――蜂須賀正勝の人物像

古くから秀吉と活動し、いくさ働きがあり、多方面にわたる「取次」を行なった人物が正勝です。秀吉の天下統一を支えた股肱の臣であり、勇猛さと繊細な政治バランスを兼ね備えた人物像が、その生涯からうかがえます。

そういう人物が短いあいだではあったけれども龍野にいた、秀吉が山崎の天王山の戦いに行ったときには姫路城にいたわけですから、地域史の視点から、身近な存在として見直してみるのもいいのではないでしょうか。

関ヶ原・大坂で家康に味方した一柳家

粕谷 修一

◎──一柳家のおこり─伊予から美濃へ

一柳《ひとつやなぎ》家は、四国は伊予国の河野《こうの》氏の一族だったといわれます。伊予の豪族河野氏は南北朝以後伊予国の守護を務めるなど勢力を誇っていましたが、戦国時代にはその勢力が衰えてきます。一柳家の先祖は、河野氏の勢力が衰えると縁故を頼って美濃国へ行ったといわれています。現在の岐阜県岐阜市へ行って、美濃の守護大名であった土岐頼芸《ときよりなり》（一五〇一～八二）に仕えて、今で言う警察官のような仕事をしていたと一柳家の記録には出ています。「河野姓一柳系図」によると、通直《みちなお》という人がいて、その息子が宣高《のぶたか》、この人が土岐氏の元で一柳に姓を変えたといわれています。

宣高は蹴鞠の名人で、あるとき土岐氏の屋敷で蹴鞠をしていました。蹴鞠をする庭には四隅に松、桜、柳、楓が植えてあります。宣高が蹴った鞠が柳のほうに飛んでいき、それを見ていた土岐頼芸が「君は河野の姓を名乗るのも憚られるので新しい苗字を名乗りたいと言っていただったら一柳と名乗りなさい」と言われ、それから一柳と名乗るようになったといわれています。宣高─直高《なおたか》─直末《なおすえ》（一五五三～九〇）・直盛《なおもり》（一五六四～一六三六）兄弟と続き、この直末と直盛が活躍して、一柳家が近世大名として成長していく基礎を築くことになります。

幕府に提出した正式な系図では宣高が一柳の祖ということになります。しかし、新井白石が大名家の由緒と系図を調べて十二巻本にまとめた『藩翰譜』(元禄十五／一七〇二年)の一柳家の項では、宣高の名は見えず直高の名前しか出てきません。小野藩第二代藩主一柳末礼《すえひろ》が岐阜に残る一柳姓について問い合わせを行った際には、直末の五代前に一柳という名前にしたという話があるということで、一柳氏のなかでも一柳の姓を名乗ったのがいつかについては諸説あるようです。

岐阜の一柳氏の屋敷跡は、現在は本願寺岐阜別院(岐阜市西野町)になっていて、直末・直盛兄弟はここで生まれたといわれています。ところで『一柳家史紀要』(一柳貞吉編、一九三三年)の口絵に直末の肖像画が載っています。説明文には京都・妙心寺の塔頭隣華院《りんか》所蔵とあり、『小野市史』編纂のときに問い合わせましたが、「うちにはない」という回答をいただきました。滋賀の近江八幡は小野藩の最後の藩主の娘である一柳満喜子が嫁いだ先で、そこにあるこの絵の複製には「妙心寺大通院所蔵」とありました。大通院は現在は土佐の山内家の菩提寺ですが、元々は一柳直末創建の塔頭です。何年か前に伺いましたが、ご住職によると「大通院の創建は一柳直末ですが、現在一柳氏関係のものは一切ありません。あるのは山内一豊とその奥さんの画像や位牌などで、それが一番古いものです」ということで、ここにもない。妙心寺にもう一つ小野藩にゆかりの塔頭があり、そこにも昔、小野藩のものが何かないか尋ねた方がありますが、ないという答えだったそうです。この直末の肖像画は所在不明となっています。

◎——一柳直末—秀吉に仕える

直末は秀吉に仕え、秀吉が信長のもとで出世していくにつれて、直末も出世していきます。一柳氏は秀吉政権では結構重要な役目を務めていて、山内一豊や堀尾吉晴、中村一氏らとともに秀吉の中老衆の一人で、秀次のもり役をします。秀次が近江八幡を治めた時、直末はその近くの瀬田城主となります。その後大垣城主加藤氏に代わって秀吉から大垣城を任されます。

天正十八年（一五九〇）、一柳直末は五万石（六万石という説もあります）で軽海西城《かるみにし》（岐阜県本巣市軽海）を任されます。

その同じ年に小田原攻めが行われます。直末は秀吉の命で小田原に向かい、小田原の手前の山中城《やまなか》（静岡県三島市山中新田）の城攻めの先鋒を命じられます。箱根峠をのぼる途中の非常に険しいところにある城で、北条氏の築城技術の高さを示す城として有名な城です。特に障子《しょうじ》堀《ぼり》は有名で、堀の底に障子の骨組のような仕切りを作り、そこを乗り越えていかないと攻めて行けませんが、乗り越えようとすると狙い撃ちされるという非常に攻めにくい城です。この山中城攻めのとき、直末は流れ弾に当たって戦死してしまいました。大将格の直末の首を敵にとられると大変だというので、家来が直末の首を持ち、前日に陣を張っていた場所まで持ち帰り、そこに首を埋め、石碑を建ててお祀りをしたという首塚があります（静岡県長泉町下長窪）。また、その家来の子孫が、そのままこの地に住み首塚を守っていました。その家には直末の首を洗ったという桶を大事に伝えているそうです。

直末が戦死した後、山中城攻めは山内一豊が一番乗りを果たし落城しますが、このとき一柳家は戦死した直末に代わって弟の直盛が指揮をとり城攻めを続け、小田原城包囲も直盛が一柳家の家臣を率いて参加しました。

直末が亡くなった山中城近くの谷底には、直末の墓がありました。江戸時代には一柳は三つの家に分かれていますが、三家とも参勤の途中に必ずお墓に参って江戸に向かいました。しかし、谷底ではお参りしにくいということで場所を移しました。山中城の三の丸跡にある、北条方の武将を供養するために建てられた宗閑寺の境内に一緒に墓をつくらせてもらったということです。直末の墓の左右に北条方の武将の墓が並ぶという、少しかわった様子が見られます。

直末が戦死したとき、一柳氏は秀吉から「弟の直盛が跡を継ぎなさい」と命じられます。ただし領地が半分の三万石に減らされ、軽海西城から黒田城（愛知県一宮市木曽川町黒田）へ移されます。この黒田城は山内一豊が生まれたといわれる城で、今は小学校の一角になっていますが、きれいに整備されて、歴代城主の案内板も立っています。

◎――一柳直盛―関ヶ原の前哨戦・岐阜城攻めで活躍

黒田城に直盛がいた慶長五年（一六〇〇）、関ヶ原合戦が起こります。直盛は伏見にも屋敷があり両方で生活していましたが、関ヶ原合戦の前の上杉攻めのときに家康に味方しようと心に決め、家康を追いかけて関東へ下っていきました。するとそれを待っていたかのように石田三成が兵を挙げ、急いで京・大坂に向けて帰ってきます。そのとき、まずは自分の居城黒田城に入ったのかどうか不明ですが、池田輝政や福島正則、黒田長政ら東軍の諸将による軍議が、その当時福島が居城にしていた清洲城で開かれます。家康が来ないので「どうしたものだろう」と言っていたら、家康の使者・村越直吉から「危ない橋は渡らない」と伝えられて、では岐阜城を落として家康に安心して出てきてもらおうと、行動を起こします。

ここで岐阜城攻めのことがいろいろ決められました。一つは池田輝政軍は木曽川の上流の河《こう》田《だ》から、福島正則軍はもう少し下流側の起《おこし》の渡しから川を渡って、二手に分かれて岐阜城へ攻めていく。一柳直盛は池田輝政と一緒に上流側を渡ることに決まりました。木曽川を渡ったあとは、一柳直盛は浅野幸長とともに瑞龍《ずいりゅう》寺《じ》山砦《やまとりで》を攻めることになりました。今の岐阜城の模擬天守の二キロほど南の山の上に、瑞龍寺山砦があったようです。このことは正徳三年に成立したといわれる史料『関原軍記大成』巻之十六「濃州米野合戦附池田長能功名」に書いてあります。

清洲城から木曽川の近くまでやって来て、さあというとき、直盛が異を唱えます。上流の渡河地点は直盛の居城黒田城に近く「自分の領地のすぐ近くを、いくら家康の婿殿とはいえ、なぜ池田輝政に先に渡らせなければならないのか」。そこでひと悶着ありましたが、結局、ほかの武将の取り成しがあり、まず池田輝政の家老の伊木清兵衛が川を渡り、その次に直盛が渡ることとなりました。渡河戦当日、池田を抑えて一柳直盛が一番越えをしたとする説もあります。

この渡河戦が行われたのは、現在の各務原市（合併前の岐阜県川島町）で、輝政の陣といわれる場所が、今の東海北陸自動車道川島パーキングエリアのすぐ横にあります。池田輝政が率いる武将たちが大きな松の生えている場所に集まって、それぞれの大将旗を並べて立てたという伝説が残っています。そこからもう一つ川を越えて、岐阜城から来た西軍の兵と戦闘になりました。ちょうどその場面が一柳家伝来の「関ヶ原合戦絵巻」のなかにあります。一柳家の軍が川を渡って行くと、岐阜から来た西軍の兵隊が待ち受けています。渡った先が米野《こめの》という地名で、この米野の戦いは、関ヶ原合戦の一連の戦いのなかでも熾烈な戦いだったといわれています。

米野の合戦で一柳家は大活躍をします。大塚権太夫《ごんだゆう》という一柳家の家来が、一番に川を渡り

一柳家士大塚権太夫の塚（岐阜県笠松町）

一人で敵の中へ飛び込んでいき、そこで岐阜城から米野へ出てきていた武市《たけち》善兵衛の首を取ります。これが米野の戦いの一番首だといわれています。大塚権太夫は取った首を見せようと川の堤防に駆け上がっていた途中に、飯沼小勘平に呼び止められ、飯沼と戦い、今度は首を取られてしまいます。この話は現地では有名なようで、大塚権太夫の墓が岐阜県笠松町無動寺《むどうじ》というところにあります。墓碑はなく、畑の中に塚があり近くの道路わきに大塚権太夫墓所の説明板がありました。

また、大塚の首を取った飯沼小勘平の墓も近くにあります。飯沼小勘平は取った大塚権太夫の首を家来に岐阜城へ持っていかせ、そのあと馬に乗ろうとしましたが馬が逃げてしまいました。そこへたまたま敵の騎馬武者がやって来て、その人を呼び止め、勝負を挑みました。かなり位の高そうな武将なので、あわよくば馬も首もと思ったのでしょう。その武将というのは池田輝政の弟の池田長吉《ながよし》でした。池田の家来が中に割って入りましたが長吉が家来を制し、飯沼と対決。池田長吉が勝ちますが、これが米野の合戦では有名な話になって、大塚が一番首を取った話が霞んでしまっています。

大塚権太夫の一番首の話は、岐阜市歴史博物館所蔵の「関ヶ原合戦絵巻」にもあるので、当時広く知られていたことだと思います。「関ヶ原合戦絵巻」はほかに国立国会図書館所蔵のものがあり、木曽川を越え、大塚が武市善兵衛の首を取った場面と、飯沼小勘平が馬に乗って味方の首を取り返そうとやって来る場面が描かれています。一柳家の「関ヶ原合戦絵巻」だけでなく、ほとんどの絵巻でこの場面は出てきますので、今は関ヶ原合戦の米野の戦い自体、取り上げられることも少ないのですが、このことは当時かなり有名だったようです。

米野の戦いで勝利した東軍は、翌日、岐阜城を攻めます。直盛が浅野氏とともに攻めることに決まった瑞龍寺山砦は、どこにあったか地元でもおおよその場所しかわからないようですが、直盛は浅野氏とともに瑞龍寺山砦を攻め落としました。

このあと九月一日に家康が江戸を出発し、岐阜へやって来て軍議が開かれ、それぞれの持ち場が発表になります。直盛は長松城（岐阜県大垣市長松町）の守備をすることになり、城に入ります。長松城は関ヶ原と大垣城の間のやや大垣城寄りのところにあり、今は荒崎小学校になっています。

最初石田三成は大垣城で家康を迎え討つつもりでしたが、家康がその裏をかき、岐阜をとばして一気に大坂まで攻めこむという噂を流し、それで焦った石田が、大坂へ行かせてはいけないと、大垣城を出て関ヶ原で家康を待ち受けることに急遽変えたといわれています。直盛は結局関ヶ原合戦の本戦で活躍することがなく、長松城の守備で終わります。

◎――関ヶ原後、伊勢神戸へ

関ヶ原合戦が終わり、一柳直盛は岐阜城の戦いでの活躍を思えば一国ぐらいもらってもよかったと思いますが、一万五千石の加増で伊勢神戸《かんべ》に移ります。これには、一柳家の史料に次のような事情があったと述べられています。直盛の姉の夫は小川土佐守祐忠《すけただ》といい、最初は西軍に味方しますが、寝返って東軍の味方をしましたが、息子祐滋《すけしげ》が非常に石田三成と仲がよかったために、取り潰しか下手をすると切腹になるのではないかという噂が流れます。それを聞いた直盛の母が「そうなったら娘がかわいそうだ。なんとか命だけは助けてもらえるよう頼んでおくれ」と言うので、直盛は小川土佐守親子の命を助けるようお願いしたといいます。その甲斐あって小川土佐守は、命は助かり、領地を半分に減らされますが領主の地位もなんとか守ることができました。直盛の活躍のわりに少ない加増は、この助命嘆願のことが関係していると一柳家の記録は述べているのです。

新しく直盛が入った伊勢神戸城は国道一号線の近くにあります。東から来ると名古屋を通り、三重県に入って鈴鹿峠を越えて、滋賀県草津市を通り京都に抜けるという、非常に重要な交通路の近くにある城で、加増は少なかったとはいっても、そういう城を任されたということは、直盛は外様大名のわりには家康からの信任が厚かったのではないかと思います。

直盛は神戸城に寛永十三年（一六三六）まで三十五年在城して、領地を治めます。そのため伊勢神戸には一柳家に関する史跡が多くあります。伊勢神戸時代の菩提寺は龍光寺です。元々神戸氏の菩提寺だったといわれている禅宗の寺院です。そこに一柳氏関係の墓を集めた一画があります。また、北門は直末の二十三回忌を記念して直盛が寺に奉納したものだということが、修理の際に発見された棟札によってわかりました。

この伊勢神戸時代の途中、また大きな合戦、大坂の陣が起こります。

◎――大坂の陣では徳川方に

今まで大坂の陣での一柳の動きはわからなかったのですが、いくつか史料を見つけましたのでこれまでわかっていた資料とともに一柳家の動きを見ていきましょう。まず一つ目は、江戸幕府がまとめた記録、『徳川実記』のうち『台徳院殿御実紀』です。これは秀忠の時代の記録です。この史料の「慶長十九年（一六一四）十月一日条」に

この日松平下總守忠明。本多美濃守忠政は。稲葉大夫紀通。古田大膳亮重治。一柳監物直盛。津田民部少輔。分部左京亮光信。其他近邊の輩を指揮して江州へ馳のぼり。瀬田邊に陣取て御下知を待べしと仰下さる

とあります。これは大坂がいくさ備えをしているので大坂城に行くから、瀬田辺りまで来てその場で指示を待ちなさいという命令が出されたというものです。

次に「慶長十九年十一月一日条」に

木津邊に本多美濃守忠政。有馬左衛門佐直純。分部左京亮光信。一柳監物直盛。（以下略）

とあり、先ほどの史料から一カ月後、それぞれ配置の指示が出されて、直盛には木津辺りに行きなさいという指示が出たことがわかります。残念ながらその後の史料には一柳の名は見つからず、一柳直盛が冬の陣でどういう活躍をしたかはわかりません。

大正時代に陸軍参謀本部の戦史研究所が作成した資料によると、冬の陣のとき一柳家は中之島辺りに陣取っていたといいます。一柳家の史料では、天満橋のほうから攻めて一戦行ったと出てきますが、ほかに参考になるような史料は見当りません。

大坂夏の陣に関しては、もう少し史料が出てきていて一柳家の様子がわかります。大阪市史編さん室から出された『大坂陣覚書』という史料があります。これに「伊勢組一柳監物・菅沼織部手より足軽出し候得者、真田方よりも同し位ニ出し鉄炮打合……」という記述があります。これは慶長二十年五月六日の道明寺合戦のときの史料です。京都で陣を整え、そこから奈良を通って大坂の南のほうへ進軍します。大坂夏の陣でも主戦場は大坂城の南と考えられていたそうで、一柳家もほかの武将とともに河内国分の辺りを抜けて道明寺方面へ来たようです。そこで小松山（大阪府柏原市）を挟んで東軍と西軍が向かい合う形になります。人数が少ない大坂方が先制攻撃を仕掛けます。朝のうちは小松山をめぐる戦いが激しく行なわれます。ここで東軍が勝ち、西軍の後藤又兵衛が亡くなりました。午後、小松山から西に場所を移し、道明寺から誉田の森、応神天皇陵の辺りを挟んで東軍の諸将たちが並び、藤井寺から誉田の森の西側に西軍の武将が並んで対峙します。ここで、にらみ合いになっていたときに一柳と菅沼の足軽が出て、真田の足軽との間で鉄砲の撃ち合いとなりました。そんなに大きな戦いに発展せずに小競り合い程度のことだと思います。

同じ日に八尾のほうでも戦いが行なわれていて、八尾の戦いで西軍は負けたため、大坂城と藤井寺のあいだを分断されることを恐れた西軍は大坂城に引き上げ始めますが、そのとき直盛は「追い打ちを掛けよう」と主張します。しかし伊達政宗はじめ、半年前に真田丸で痛い目に遭ったばかりの武将たちが「下手に動けばどういう目に遭うかわからない」と反対して、そのまま西軍が引き上げていくのを見送ります。

◎――大混乱だった大坂夏の陣の現場

大坂夏の陣に関しては、なかなかおもしろい史料が一柳家に残っています。大坂夏の陣は大坂城を取り巻く徳川軍が十万とも十五万ともいわれます。また、豊臣の兵が五万とも。ものすごい数の兵隊が集まったため、激しく混雑し、合戦も非常に混乱したなかで行なわれたとよく言われますが、それがよくわかる史料です。

「軍忠状」といって、「どこどこの合戦で私はこういう活躍をしました」というのを書き上げて、殿さまに提出する文書があります。実際には殿さまに直接ではなくて軍《いくさ》奉行みたいな役目の人が取りまとめるのだと思うのですが、『大坂表御吟味帳三冊之内』はそれを三冊にまとめたものです。一柳家の場合はそれプラス収録しきれなかったバラバラのままのものもあって、一三七名分の文書が残っています。その中から三つ紹介します。

一つ目が「藤野七右衛門申分」で、これは五月六日の道明寺合戦の日のことを書いています。この日、藤野は片野らと小松山に上がり、そこで左右に分かれます。そのとき「拙子者《は》右へ出候処ニ、其先ニて弓之者一人鑓付申候処ニ、正宗表之内径帷のはをりき《（着）》申候者三十人計程罷越候ばいとり申、拙子方迄鑓ふりかかり申候故無是非《ぜひなく》候」とあります。これを要約すると「山の上に上がって自分はほかの人と分かれて右側に進んだ。そこで弓を持った奴がいたので突き伏して、手柄をあげるところまでいったところに、正宗（伊達政宗）の内の経帷子の羽織を着た者たちが三十人ばかりやって来て、手柄を横取りされた。私のほうにも鑓でふりかかってきたので仕方がなかった」と述べています。大坂の陣のとき伊達政宗軍は、敵味方に関わらず自分たちの前にいる者は片っ端からなぎ倒していったという話も残っていて、これなどはそういう伊達の強烈な行動を裏付ける史料になるかと思います。

二つ目は「渋谷七左衛門申分」で、翌七日の天王寺・岡山合戦という決戦の日の記述になります。「其寄《それより》各々ニはづれ申内に正宗殿之衆ニ捕籠られ申内ニみかたうちを仕候とよばハ《わ》リ申候へハ、堀丹後殿内衆ニ白木三郎右衛門と申人出相追払被申候、則七日之夜者《は》右之三郎右衛門所ニとまり申、明八日之朝御陣所へ参候」このときも政宗の兵隊がやって来て、「味方だ」と言っているのに、殺されそうになり、堀丹後守の家来に助けてもらい、その日は助けてくれた人のところで世話になって、次の日に一柳家の陣所に帰った、と述べています。これも政宗軍の強烈な動きがわかる史料です。

三つ目は、大坂夏の陣の決戦の日の戦場がどれだけ混乱していたかがわかる史料です。「服部七郎左衛門申分」で、服部は七日に四人で大坂城へ攻めのぼっていきますが、その途中で馬が溝に足を落し落馬したため、ほかの人と別れてしまう。置いて行かれた服部は一柳家のほかの家来はどこにいるかと探しながら、大坂城へ近づいていき、「兎角　殿様被成御座候《ござなされそうろう》所へ可参と存候て尋申候へハ茶うす山ニ大勢御家中衆さし者見へ申候条」茶臼山まで行ったところ、一柳家の人たちの旗が見えたので茶臼山に行くと、「殿様御座有所ヲ、右之衆ニ尋申候へハ一両人も被申候者《は》、殿様御うち死被成候由候間、拙子申分ニ者御主御たて被成候上者《は》加様ニゆるゆると可被成事ニ而者《ては》無之候間」四郎右衛門や右京など一柳家の重役の家来たちがそこにおり、「殿様はどこですか」と聞いたら、殿様は討ち死にしたと聞いた。「殿様が討ち死にしたのにこんなところにいてはいけない、殿様の遺体を回収したりしないといけないだろう」と言ったけれど、誰も賛成してくれなかった。仕方がないので一人で城へ向かってずっと奥へ進んでいくと、「殿様作きわ《（柵ぎわ）》ニ武者御かため被成候所」殿様が柵ぎわに周りに武者を引き連れていた、それからは殿様にお供した。

　侍でごった返しているのと、町人が逃げ惑っていることから来る混乱のなか、殿様が死んでしまったという誤報が家臣のあいだに流れるような状況が、こういう史料から読み取れます。紹介した以外にも、「茶臼山に旗が見えたから行った」と書いていた家臣が何人かいますので、茶臼山は一つの大きなランドマークだったのでしょう。また、「千貫櫓まで攻めていった」と書いている家臣がいます。豊臣時代の大坂城千貫櫓は南西の一番端にあったといい、そこに門があって、攻め込んできた人を櫓から攻撃したといわれています。

大坂の陣のあと、大坂城の再建が行なわれます。神戸城にいた一柳家は再建に関していろいろ命じられ、石垣の石の手配や運搬をしたのが『台徳院殿御実紀』からわかっています。「元和六年（一六二〇）正月十八日条　青屋口より玉造口迄は（中略）一柳監物直盛。（略）玉造口より大手門迄は（中略）一柳監物直盛」。それぞれ分担が割り当てられて、大坂城の修築や、それ以降の天下普請といわれる江戸城や名古屋城の普請の手伝いをします。大阪城の石垣で、一柳の家紋が確認できるものがあり、これは一柳家が運んできて積んだものです。その石垣は二十年ほど前までは見ることができましたが、今は堀が復元されたため水の中になり見ることができません。

◎――小野藩の成立事情――初代藩主は？

直盛は七十過ぎまで伊勢国の神戸城にいて、寛永十三年（一六三六）に伊予国の西条に領地をもらって異動することになります。直盛はその準備をして江戸を出発、神戸城の引き渡しを行い、大坂から船に乗って伊予に行こうとしたところで、病気になって亡くなってしまいました。大坂で亡くなったので、墓は大阪の大仙寺《だいせん》(大阪市中央区谷町)にあります。伊予の領地は直盛の遺言により三人の子供に配分されます。長男の直重が三万石で西条、二男の直家(一五九九〜一六四二)が二万八六〇〇石で川之江(今の四国中央市)、三男の直頼が小松(今は西条市、合併前は小松町)に一万石を領有することになりました。

ここで、小野藩初代藩主は誰かという話をしなければなりません。小野藩のことをインターネットや以前に出版された書籍でみると小野藩初代藩主として一柳直家が出てきます。

直家は、寛永十三年に直盛が一万八六〇〇石加増され、六万八六〇〇石で伊予国西条に転封なったとき、領地のうちの一万石は播州加東郡で与えられました。これがのちの小野藩の領地になります。直家は、三家に分かれたときにその播州一万石を引き継ぎますが、しかしながら川之江に本拠を置いていました。そのため、小野藩の初代藩主は直次(小出吉親《こいでよしちか》二男、のちに一柳直家の養子。一六二三〜五九)だと考えています。

川之江には、直家が建設した陣屋門が現在も残っています。また、直家は将来的に川之江に城を築くことを計画していたともいいます。直家の川之江陣屋の正門は、現在はきれいに修理されています。二〇〇〇年には、小藩の陣屋の門は残っている遺構が少ないことから国の登録文化財に指定されました。もう一つ、実は川之江の陣屋門と呼ばれる建物が残されていました。民家の門として使われていましたが、古い図面によると、両側に供部屋があったという立派な

川之江陣屋門（四国中央市）

門でした。

　ここで少し小野藩成立事情を紹介します。直家には男子がおらず、兄の直重には男子が二人いたので、直家は兄の二男を自分の養子に迎えたいと直重に頼みました。しかし、直重はそれに同意しませんでした。仕方がないので弟の直頼の妻の実家の、当時園部藩主だった小出吉親の二男を養子に迎えて、自分の娘と結婚させ、領地を継がせようと運動しましたが、幕府から「兄の二男がいるではないか。筋違いの養子は認めない」と突き返されてしまいます。家光のころは大名の力をそぎ落とす政策がとられた時代だったという背景もあると思うのですが、事情を説明しても幕府は認めてくれない。そうこうしているうちに、直家が参勤で江戸へ行く途中で病気にな

小野藩陣屋跡の碑（小野市）

り江戸で亡くなってしまいます。親戚や藩の重臣は一生懸命幕府に、あのときの養子をなんとか認めてほしいとお願いをしましたが、幕府からはしばらく連絡がない。やっと連絡が来て「直家の養子願は筋違いである。そのため領地は召し上げる。しかしながら、直家の父の直盛は関ヶ原合戦でよく戦ってくれた。その直盛の功績を勘案して養子直次を新規に一万石で召し抱える。伊予でも播磨でも好きなほうを選びなさい」という返事がきました。それで播磨の地を選び、小野藩ができることとなったのです。

また、『佐野黒石由緒書』という家老の家の由緒書には、直重がうんと言わなかった理由として、直盛は亡くなる前に

「長男の直重は惣領の器量ではない。だから二男の直家を総領として三万石を相続させる。加増分は、領地に着くことなく自分は死んでしまうから幕府に返上する。残り二万石を一万石ずつ長男と三男に分け与えよ」と遺言します。蓋をあけてみると幕府の裁定で、長男直重が三万石、二男直家が二万八六〇〇石、三男直頼が一万石となりましたが、このときの事情があり直重が、直家の養子の問題が出てきたときに仕返しをした、というのです。どこまで信じていいのか、もしかすると作り話かもしれず、検討の余地がある話です。

一柳家は大河ドラマにも出てきませんし、昔のＮＨＫのドラマにもなった司馬遼太郎の小説『俄』では腰抜け武士の代表みたいな描かれ方をしたこともあります。しかし詳しく調べていくと、やはり戦国時代を生き抜いた直盛などは、かなりの活躍をしていたことがわかりました。そのおかげで小野藩は、取り潰しの危機を乗り越え、一万石の大名として残ることができたという歴史的経緯があるのです。そういう一柳家の活躍を今日は心に留めていただけると有難いと思います。

永井直勝の一族と赤穂藩主・永井直敬

豆田　誠路

◎——はじめに

赤穂藩主・浅野長矩がいわゆる赤穂事件で切腹し領地没収となったあと、赤穂藩に入ったのが永井直敬《なおひろ》です。その直敬の曾祖父にあたる、永井家の祖・永井直勝の出生地が現在の愛知県碧南市ということもあり、本日、お話をさせていただくことになりました。

永井直勝は永禄六年（一五六三）に三河国大浜（現在の愛知県碧南市）の長田《おさだ》平右衛門重元の子に生まれ、寛永二年（一六二五）に数え六十三歳で亡くなった人物です。直勝は元和八年（一六二二）に下総国古河《こが》七万二千石の大名となりました。直勝の子孫には、本家の大和国櫛羅《くじら》藩（現在の奈良県御所《ごせ》市）、今日の話で触れる美濃国加納藩（現在の岐阜県岐阜市）、そして摂津国高槻藩（現在の大阪府高槻市）という三つの譜代大名家があります（永井家系図参照）。これらは幕末に領していた地名からきています。

また本講で登場する主な地名を地図としてあげました（次頁）。直勝は家康に付き従ったので、家康が岡崎から浜松、駿府《すんぷ》、江戸と東に移るに従い、直勝も移りました。家康が亡くなった後、関東地方で城主になり、最後は下総国古河城主になりました。

今回の講義では、永井家の祖・直勝から赤穂藩主・直敬に至るまでを中心にお話しましょう。

永井家系図

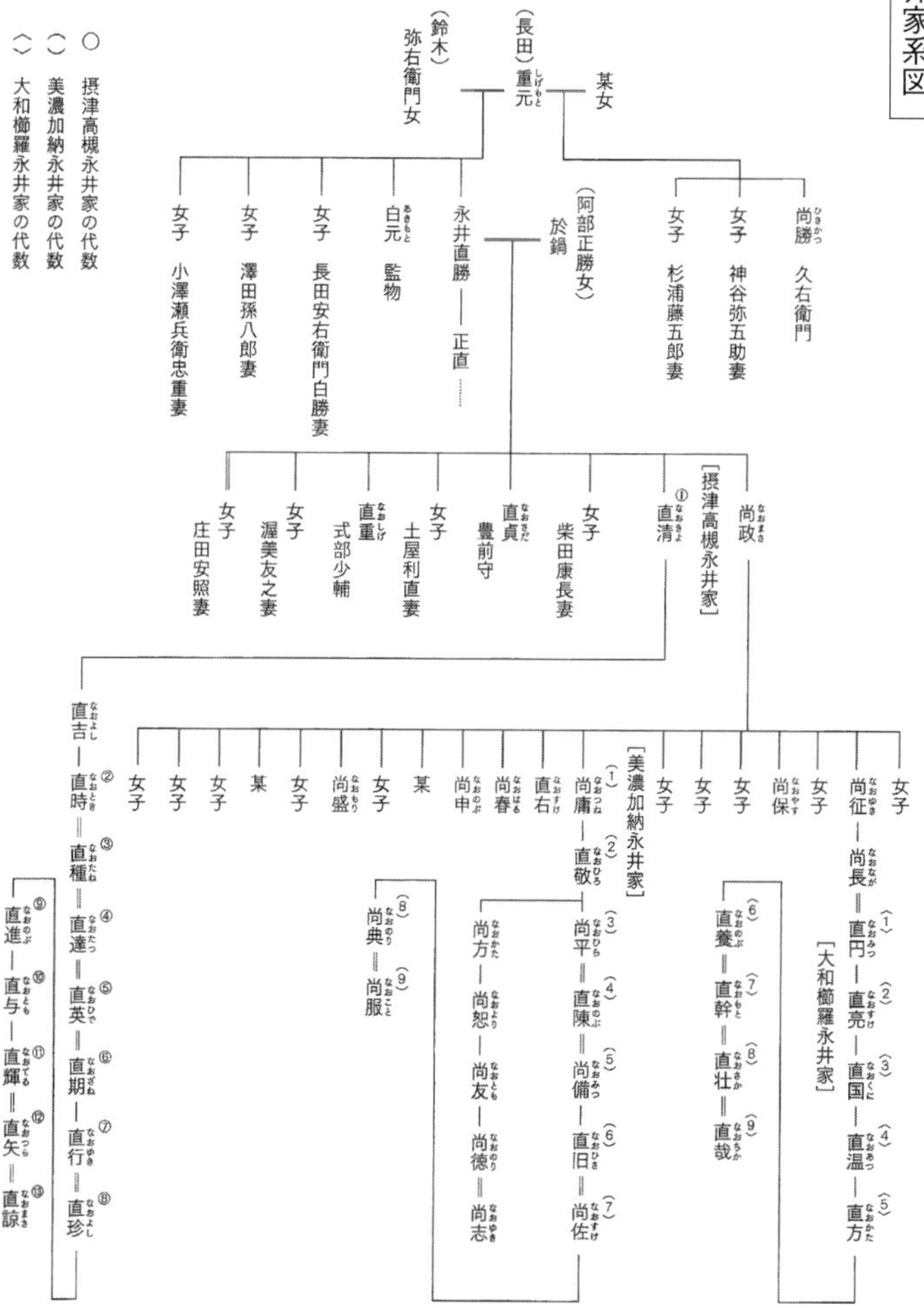

鈴木成元『永井直勝』(一行院、一九六四年)「附・一永井家系図」をもとに
『寛政重修諸家譜』、『平成新修旧華族家系大成』下巻などを参考に作成。

◎――直勝以前の三河国大浜と長田家

はじめに、永井直勝が生まれる前の大浜と長田家についてみてみましょう。

まず、家康の父・松平広忠が天文十二年（一五四三）十二月十七日付けで、直勝の祖父とみられる長田甚助に出した「松平広忠判物《はんもつ》案」（宝珠寺《ほうしゅじ》蔵）では、長田甚助が大浜下の宮の神領の大半を売ったのに対し、「大浜下之宮神領大略売渡、其身者闕落分由候、曲事候」、つまりその無効を伝えています。長田甚助は下の宮の神領を所有していましたが、その売買を広忠が禁止したことから、大浜は松平広忠の支配下にあったといえます。

当時、三河国の西三河地方では、今川義元の支援を受けた松平広忠と、尾張国の織田信秀の覇権争い

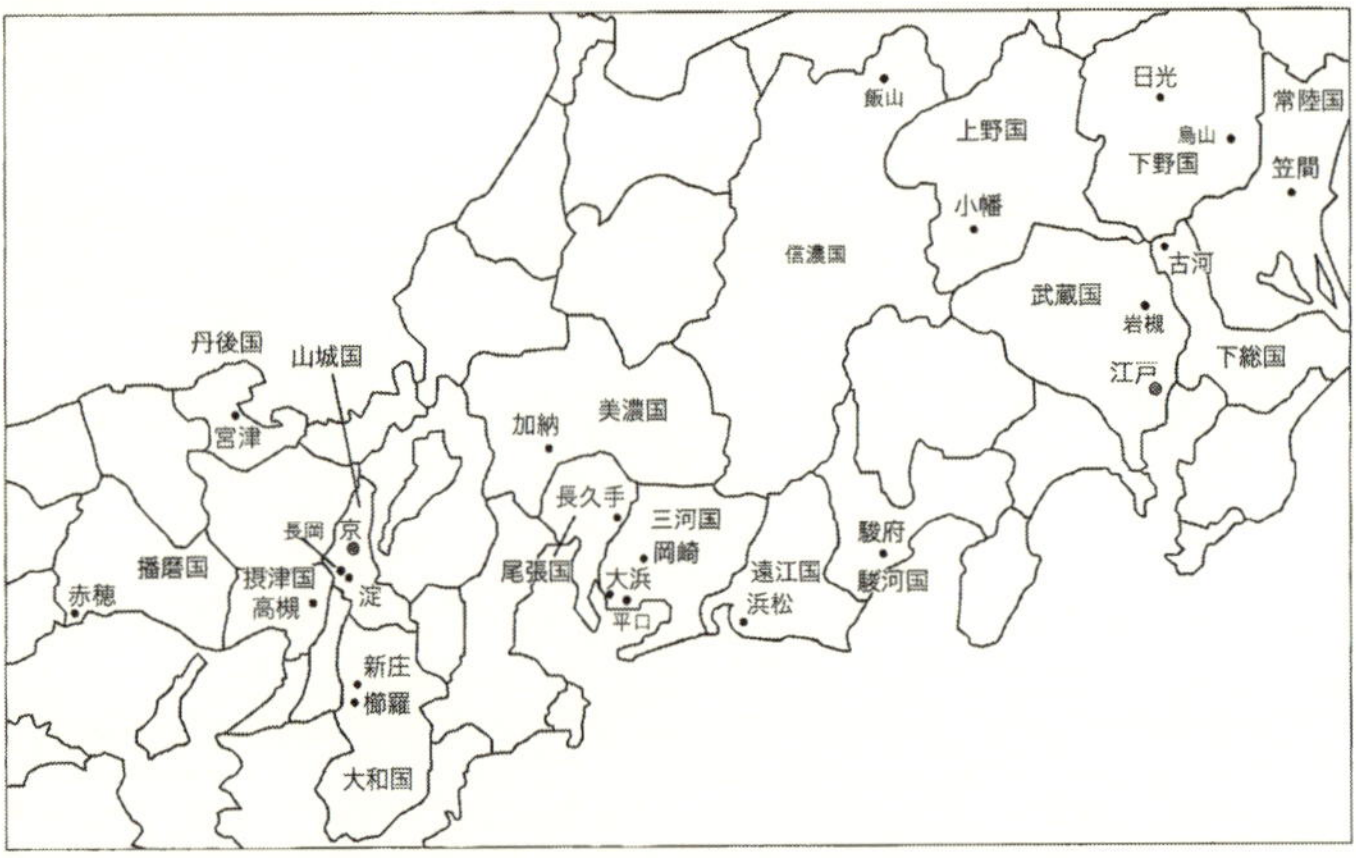

のさなかでした。そのなかで、尾張国との国境にある大浜は天文十六年（一五四七）の織田信長初陣の地でもあります。

信長は「三河国吉良大浜へ押し寄せ在々所々一宇も残さず放火してその日は野陣をかけられ、翌日那古野に引き帰りました」（「信長記」）。天文十六年は、松平竹千代（のち徳川家康）が人質として織田信秀方に送られた年で、「吉良大浜」は当時今川方の手にありました。そこに織田信長が初陣として大浜を攻めたのです。

また、天文十九年に今川義元が長田喜八郎（＝重元）に宛てた「今川義元判物」（上の宮熊野神社蔵）では、義元が直勝の父にあたる長田重元に大浜上の宮の社領を安堵しています。この当時松平竹千代は義元の庇護下にあり駿府にいましたが、判物の冒頭に「松平竹千代知行大浜……」とあるので、やはり大浜は松平家の支配下にあったことがわかります。

さらに、永禄二年（一五五九）十一月二十八日付け「松平元康判物案」（宝珠寺蔵）では、松平元康（のち徳川家康）が大浜郷の惣寺七か寺に寺領を寄進しています。また同日付で長田與助・喜八郎に対し、大浜上下両熊野社の社領を寄進しています。このように、大浜の長田家は少なくとも徳川家康の父である松平広忠の代から松平・徳川家と関わりがあったのです。

◎——永井直勝の経歴

それでは、次に永井直勝の経歴をみてみましょう。

先に述べましたように、直勝は永禄六年（一五六三）に生まれました。通称は伝八郎といいます。父は長田平右衛門重元といい、三河国大浜の出身で松平広忠に仕えました。母は鈴木弥右衛門の娘ですが、鈴木家は近世の初期、三河国平口で代官を務めました。つまり、三河の大浜と平口という地域の有力者の家が結婚して直勝が生まれたわけです。なお、長田平右衛門が屋敷の北西に創建したのが宝珠寺で、現在「永井直勝生誕地」碑が建っています。

永井直勝生誕地 宝珠寺（愛知県碧南市）
（写真提供・宝珠寺）

直勝は天正四年（一五七六）十四歳のとき、徳川家康の長男信康に仕えることになりました。きっかけは「（まだ若き家康の長男）信康が風流踊りを好み、大浜から来た踊り子の中に、太鼓を打ち十四、五歳になる踊りの上手な童（直勝）を側につかえさせることにした」（「参陽実録」刈谷市中央図書館蔵村上文庫）といいます。

ところがわずか三年後の天正七年、家康は織田信長との関係もあり、信康を追放して自刃させることになります。信康に近習として仕えていた直勝は大浜で蟄居することになりました。

翌年の天正八年、十八歳のとき直勝は、こんどは家康に仕えることになりました。三十貫の地を賜り、家康の「長田は義朝を討たるもの、家号なれば、あらたむべし」（「寛政譜　永井氏」）という仰せにより、それまでは平氏で長田家だったのを、大江氏、家号を永井に改めました。長田家は平治の乱の後に愛知県知多半島の野間で源義朝を討った家号とありますが、直勝はこれに関わった長田荘司平忠致《ただむね》ではなく、その兄親致の子孫とされます。また、長田家は重元の兄弟の系譜が江戸時代以降も続きます。

天正十年、織田信長が本能寺の変で亡くなったあと、徳川家康が堺から伊賀国を越えて三河国岡崎まで大急ぎで帰ってきた「神君伊賀越え」の話は有名です。「永日記」などの史料では、伊賀の山を越えたあと、伊勢の白子（現在の三重県鈴鹿市）から船に乗り、三河国大浜に上陸した。直勝は小姓として従い、家康は大浜では直勝の父・長田重元の館に休んでから岡崎に帰ったという話があります。

◎――小牧長久手の戦い

天正十二年（一五八四）、直勝が二十二歳のとき、徳川家康・織田信雄と豊臣秀吉が戦った小牧長久手の戦いが起こります。第三講で取り上げられたように、この戦いで直勝は池田輝政の父・恒興（勝入）を討ち取ります。

このことでは、直勝が朝鮮出兵で肥前国名護屋に在陣の時に、豊臣秀吉に「池田勝入（恒興）の首をとった者か」と御言葉をかけられた（「長田伝八郎高名書上」東京大学史料編纂所蔵）という話があります。

時代は下り、八代将軍吉宗のとき、本家の永井直圓《なおみつ》が吉宗からの尋ねを受けて、長久手合戦時の曾祖父直勝の戦功を書いた文書を提出しました（「長田伝八郎高名書上」）。

天正十二甲申尾州長久手御合戦之時分、私曽祖父長田伝八郎直勝永井右近大夫事、……暫ク戦之処、不残討死ニ而、勝入壱人ニ成リヌ、……永井伝八郎大江直勝廿二歳、号右近大夫、田之渕ヲ伝へ、馬上ニテ鑓ヲ…突合候処、勝入ノ十文字ノ鑓先伝八郎左之人サシ指ニ当リ、指ヒ落チ申候得共、勝入ヲ鑓付ケ突倒シ、馬上ヨリ飛下リ、終ニ勝入之首ヲ取、……（家来竹内）庄助則勝入討死之場所江行キ、刀、脇指并十文字之鑓ヲ取帰リ申候処ニ、伝八郎直勝馬ノ口取リ市助ト申小者駈付ケ候間、庄助十文字之鑓ハ市助ニ為持、刀笹之雪ト号、無双之利刀ナリ、直勝拝領ス、并脇指ハ庄助持帰ル、勝入之首、金之再拝ハ伝八郎直勝持参ス、……

戦いのなかで池田恒興が一人になったところ、直勝が負傷しながら恒興を突き倒し、首をとったといいます。（この時失った左人差し指は次頁の画像でも描かれていません。）そして家来の竹内庄助や馬の口取りの市助という小者に、刀や脇指、十文字の鑓を持たせています。

また合戦時に直勝の供をしたという小蔵新九郎の子孫で、加納永井家に奉公していた小久江市右衛門が享保十七年（一七三二）に提出した由緒書には、次のようにあります。

【資料一】（「小久江市右衛門由緒書」東京大学史料編纂所蔵）

曽祖父　小蔵新九郎　後市右衛門与申候

……長田平右衛門（直勝父）様ゟ被　召寄致御供候様ニと被　仰付、池田勝入を御討取被遊候、此時、侍も新九郎壱人御供相勤……

永井直勝画像（興聖寺蔵）

小蔵新九郎がお供するように命じられ、池田恒興を討ち取った時には侍では新九郎一人のみお供した、とあります。先ほどの「長田伝八郎高名書上」では竹内庄助と市助、こちらは新九郎（のちに市右衛門と名乗る）で、登場する人の名前が違っています。

岐阜県の『加納町史　上巻』（加納町史編纂所、一九五四年刊）には「小久江家に於ては先祖新九郎の勝入信輝討取の功を主人伝八郎に譲りし賞として篠の雪の刀及び首級を包みたる袖布を家宝として保存す。（篠の雪は後主公に献上す）」と、この小久江家の血染の布が紹介されています。

ここでは、永井家本家及び美濃加納永井家家中でそれぞれこのような由緒として伝えられていると理解しておきましょう。

それでは、小牧長久手の戦いから百数十年後、池田輝政と永井直勝はどのように語られていたのでしょうか。江戸時代前期の将軍や大名などの言行や逸事が記された『武野燭談《ぶやしょくだん》』（一七

○九年成立）には

【資料二】（「武野燭談　七」刈谷市中央図書館蔵村上文庫）

伝八郎身上はいか程に哉と尋らるゝ、老臣の内〻千石申付たるよし申上ければ、輝政不興気ニ而勝入か首ハ殊外小身にこそと有しか、即時に御加恩沙汰せられしとかや

とあります。徳川家の縁戚となったあと池田輝政が永井直勝と面談した。その後輝政は挨拶したあとに永井直勝の身上（石高）はどれほどかと尋ねたら、老臣より千石であると申し上げたところ、輝政は不興気に「我が父の首は殊の外小身に討たれたのか」と言ったので、即時に直勝が加増されたといいます。

江戸時代後期の平戸藩主・松浦静山《まつらせいざん》の随筆「甲子夜話《かっし》」は、当時の話を見聞録としてまとめているので史料的な正確さはわかりませんが、具体的な話も加わって立場がわかりやすく書かれています。

【資料三】（『甲子夜話』1、平凡社、一九七七年）

…先年父勝入を長久手《ながくて》にて討玉ひしとき、某《それがし》は年少にて、得《とく》と其様体を弁ぜず候。冀《ねがは》くば

父討死の有さま、委《くはし》く語り聞せ玉へと云へば、永井承《うけたまはり》候とて、勝入其時の有さまを委く申述たれば、輝政落涙して承り、さても忝《かたじけなく》存候。始《はじめ》て分明に承り候とて別れぬ。

池田輝政が家康と親戚になって後、あるとき輝政が家康にいうことに、麾下の永井伝八郎という者は、自分の父を討った人で対面したいといった。家康が御許しになり、輝政と直勝が対面することになった。このとき人々は父を討った敵なのでどうにかならないといいがと思ったが、輝政が礼儀を正して言うには、あなたが父勝入を長久手で討った時、私は年少でその時の様子がまだわからなかった。願わくば父の討死の有様を語って聞かせてほしいという。直勝は承知したといってそのときの有様を詳しく述べたところ、輝政は涙を流して聞き、初めてきちんとわかったと言って別れた。その後輝政が家康に言上するには、父は武道に恥じない振る舞いであった、その父を討ち取った直勝は実によき武士である、父の面目にかけても加禄してやってほしいと。そこで家康は直勝を万石の列にしたといいます。

直勝の年譜と突き合わせると、加増の量や時期が合わないのですが、歴史的な事実そのものよりも、池田輝政と永井直勝のエピソードとして武家社会で長らく伝わっているということで理解すればいいのではと思っています。

◎――その後の永井直勝

小牧長久手の戦いは直勝が二十二歳のときですから、亡くなる六十三歳までの四十年、直勝は何をしていたのでしょうか。

永井直勝は、終生家康の直臣という意識で家康に仕えたのでしょう。しかし、城持ちの諸将とは違い、長らく家康の側近として仕えたため、直勝が徳川家の大名としてあまり知られていないのです。実際、城主になるのは徳川家康が亡くなってからになります。

直勝は文禄四年（一五九五）に朝廷より豊臣の姓と従五位下を授けられ、右近大夫に任じられます。それまで長田伝八郎や永井伝八郎と呼ばれていたのが、永井右近大夫と呼ばれることになります。

それでは関ヶ原の戦いの前、直勝はどんなことをしていたのでしょうか。家康の侍医をしていた板坂卜斎《ぼくさい》が記した「板坂卜斎覚書」の慶長五年（一六〇〇）七月条によると次のとおりです。

七月十九日に徳川秀忠が上杉景勝追討のために江戸を出立しました。同じ十九日、増田《ました》長盛（五奉行の一人）から永井直勝のところへ七月十二日付の書状が来ています。それによると「（関ヶ原に程近い）樽井（現在の岐阜県垂井町）で大谷吉継が病気と称して滞留しています。石田三成が出陣するのではないかという雑説があります。なお追々申し入れます」。増田長盛は豊臣家五奉行の一人で石田三成方に付いて行動していたのですが、その一方でこのように徳川家康に石田方の情報を流していたのです。

ここで見ていただきたいのは、増田が永井直勝に宛てて書状を出しているということです。永井に出せば家康に伝わるということなのです。

【資料四】（「板坂卜斎覚書」刈谷市中央図書館蔵村上文庫）

此状を右筆部屋ニて右近披見候て、いな状を越し被申候、可掛御目とて御前江持参上意にその状をうつし先手へ遣候へ　と被仰出候により、俄に百性共に代官衆被申渡、江戸より宇都宮迄一里飛脚置候

江戸城の右筆部屋でこれを見た直勝はすぐにお目にかけるべきだと家康に見せたところ、これの写しを先手の秀忠へ早く伝えよと命じられたので、至急代官衆が百姓に伝えて、江戸から宇都宮まで一里飛脚を置いたとあります。秀忠は七月二十四日に小山（現在の栃木県小山市）に到着し、翌二十五日に小山の評定が行なわれましたが、おそらくこの書状の内容を踏まえて

軍議が開かれたとみられます。

このように、家康の直臣であった直勝は、慶長十二年（一六〇七）に家康が駿府に移ったあと直勝も随従したことが、直勝の家来で歌人の佐川田昌俊の碑銘にある「之（直勝）ニ従テ駿府ニ居ル𠆢《こと》年有リ」という一文からわかります。

◎——文に秀でた直勝

さて、直勝は小牧長久手の戦いでの武功から、文武のうち武のイメージがありますが、実は文の側面が強いことを強調しておきます。特に儀式・典礼に学識を発揮しました。

「徳川実紀」慶長八年（一六〇三）二月十二日条には、徳川家康の将軍宣下の儀の様子が詳しく書かれていて、直勝も登場し、直勝がこの儀式に関わっていることがわかります。

【資料五】（『現代語訳徳川実紀　家康公伝2』吉川弘文館、二〇一一年をもとに意訳）
慶長八年二月十二日、征夷大将軍の宣下が行われた。（そのために）禁中で陣儀が行なわれた。その後、勧修寺光豊《かじゅうじみつとよ》卿が勅使として伏見城に参上した。上卿《しょうけい》・奉行職事《しきじ》をはじめ諸官人が参上した。徳川家康がおでましになった。

家康は勅使と対面し、公卿からの祝辞を受けた。そして征夷大将軍の宣旨の入った箱を進上され、宣旨を謹んで頂戴した。直勝は宣旨の入っていた空箱に砂金の入った袋を二つ入れて朝廷側の人に授け、朝廷側の人は退出した。次に、源氏長者、淳和・奨学両院別当の宣旨を持ってくるごとに、直勝が宣旨の入っていた空箱に砂金を一袋ずつ入れて下された。続いて、直勝・西尾忠永が取次を務めて、上卿の広橋兼勝に金百両と御紋入り鞍置馬《くらおき》一頭、勧修寺光豊に金五十両と鞍置馬一頭を下された。その後、家康は奥に入られた。

また直勝は慶長十一年から十二年にかけて、細川藤孝（幽斎）から武家の儀式をことごとく伝授されたことが、細川家の家史「綿考輯録《めんこうしゅうろく》」中の文書から知られています。

◎――武の一面

そうはいっても直勝の武将としての一面も出てきます。

慶長六年（一六〇一）、直勝は家康より与力・同心を附属されます。また同十年には、召し抱えた与力・同心のための石高として、自身の知行の他、三河国碧海《へきかい》郡の内八カ村四〇五五石あまりの寄子《よりこ》給が与えられます。

そして家康が亡くなったあとの元和二年（一六一六）、直勝は一城の主となり、上野国小幡《おばた》（現在の群馬県甘楽《かんら》郡小幡地方）一万七千石、翌元和三年に常陸国笠間（現在の茨城県笠間市）三万二千石（同五年に二万石加増）、それから元和八年に下総国古河（現在の茨城県古河市）七万二千石となっていきました。ただ、家康亡きあと直勝は江戸に移り、秀忠に仕えて、評定の席に列し常に江戸詰めであり、古河にいた形跡はありません。

江戸詰め時代の直勝は、元和五年の福島正則改易時に広島城請取の上使とされたり、同七年、家康の墓所となる日光奥院宝塔の造営奉行になり、翌年完成させます。

そして寛永二年（一六二五）、直勝は江戸で亡くなりました。六十三歳でした。直勝は生前古河に開基した永井寺《えいせいじ》に葬られています。

◎――永井直勝の妻子

さて直勝の妻は同じ三河の出身で、家康家臣阿部正勝の娘で於鍋（法名・盛岸院）といいます。直勝と於鍋との間には四男三女がいて、長男が尚政、二男が直清、三男が直貞、四男が直重といいます。

長男の尚政は天正十五年（一五八七）に駿河国で生まれました。徳川秀忠の近習から小姓組

永井尚政が入城した淀城跡（京都市伏見区）

番頭、そして老中となっていきます。秀忠「近侍の三臣」といわれるほど力を発揮しました。寛永三年（一六二六）、父の遺領等を継ぎ、八万九千石となりましたが、同十年に三代将軍家光になってから、老中職を解かれて、山城国淀十万石に移りました。淀城周辺の山城国久世・綴喜《つづき》・紀伊・相楽四郡（京都府南部）、近江国八郡のほか、河内国茨田《まった》・交野・讃良《ささら》・若江四郡といった淀川左岸沿いに集中的に与えられました。これには理由があり、あとでお話しします。

二男の直清は天正十九年（一五九一）に生まれました。こちらも慶長九年（一六〇四）に徳川秀忠に仕えるようになり、小姓から書院番になります。大坂冬の陣・夏の陣に従軍し、元和五年（一六一九）には父直勝の広島城請取に従い、同九年（一六二三）書院番頭になって、順調に出世します。そして寛永十年（一六三三）、兄尚政と同じときに職を許されて、淀川右岸の山城国長岡（二万石）に移封されました。

これにより京都・大坂間のうち淀川の左岸沿いは兄尚政が押さえ、右岸沿いは弟直清が押さえることになります。これは、寛永十一年から寛文期まで保持された幕府上方の「八人衆体制」の一環でした。板倉重宗（京都所司代）、永井尚政・直清兄弟、久貝《くがい》正俊・曽我古祐《ひさすけ》（大坂両町奉行）、石河勝政（堺奉行）、小堀政一（遠州）・五味豊直（代官奉行）という八人で上方を治めたのです。

このなかで、永井兄弟は大坂城代を中心に、尼崎藩や郡山藩などとともに上方の軍事支配を担いました。また永井兄弟は譜代大名であり、大坂町奉行ら旗本と違って、京都所司代とともに朝廷や寺社を含む畿内の行政を担う政治判断を求められる立場でした。

また承応二年（一六五三）に禁裏が炎上したときには、永井兄弟が一目散に馳せ参じて、当時所司代が不在だったものですから、五味豊直と三人で処理にあたり、また永井兄弟に禁裏造営奉行を命じられています。なお弟の直清は慶安二年（一六四九）に三万六千石で高槻に入り、幕末まで続きました。

◎──美濃加納と大和櫛羅の永井家

明暦四年（一六五八）、淀十万石の尚政が隠居します。尚政の隠居にあたり、嫡子の尚征《なおゆき》が七万三六〇〇石（山城四郡・近江八郡、のちに宮津藩）、三男・尚庸《なおつね》が二万石（河内四郡のうち）、直右《なおすけ》が七千石の分与を受けます。尚政は寛文八年（一六六八）に八十三歳で亡くなり、弟の直清は同十一年に八十一歳で亡くなりました。

このとき尚庸が父尚政から二万石を分与されたのが、美濃加納永井家の始まりとなります。加納永井家は譜代大名中の中堅クラスの家です。奏者番、若年寄等の重職に任じられ、幕藩体制下にあって貴重な役割を果たした家です。

永井尚庸は寛永八年（一六三一）に生まれ、奏者番、若年寄、京都所司代と幕府の役職を務めます。寛文十年（一六七〇）京都所司代になったときに一万石加増され三万石になりました。「永井尚庸領知加増分御書出」（東京大学史料編纂所蔵）は、尚庸がこのとき加増された分の書上です。その内訳は、山城国紀伊郡三二四石余、摂津国嶋上郡・嶋下郡六〇五八石余、河内国五郡三六一七石余です。このうち摂津と河内が九千石余りあるのですが、これはこののち永井家の領地が転々としても幕末まで変わりません。つまり幕府が、永井家という幕府を支える

永井直敬も治めた河内国の佐太陣屋跡（大阪府守口市）

中堅クラスの譜代大名に対して、江戸での奉公に報いるために固定して付与した補助的な領地が、九千石ということです。どこに移っても幕府での仕事ができるように九千石は変えない、その代わり、幕府に何らかの事情ができれば、要地から別の要地へ移すことができる存在なのです。永井直敬が赤穂を五年足らずで離れてしまうのも、そういうことです。

さて、尚庸の息子が直敬ですので、ようやく赤穂藩主永井家の話に入ろうというところですが、その前に、尚庸の兄で、尚政の嫡子尚征の系譜、つまり本家の話をしておきましょう。

寛文九年（一六六九）尚征は丹後国宮津に移り、その跡を尚長が継ぎます。しかしその尚長は延宝八年（一六八〇）に増上寺で内藤忠勝に殺され、家領没収となります。この事件については詳しいことはわかっていませんが、よく使われるのが、事件当日に永井尚長と内藤と一緒に現場に居合わせた遠山頼直の家譜の記述です。

【資料六】（「寛政譜　遠山頼直譜」）

八年厳有院殿（家綱）薨御により、六月増上寺にをいても法会行はるゝのとき、仰をうけて頼直及び内藤和泉守忠勝、永井信濃守尚長等彼寺に勤番す。二十六日奉書到来し、尚長ひとりこれを拝見して懐にす。忠勝これを見る事をこふといへども、ゆるさず。こゝにいて忠勝怒れる色あり。尚長席をたちて行、忠勝跡をしたがひその長袴の裾を踏倒るゝ処を一刀に切害す。このとき頼直忠勝がうしろより抱き止め、つゐに刀を奪ひて、御目付日根野権十郎弘方に渡す。（以下略）

増上寺で行われた四代将軍徳川家綱の追悼法会でこの三人が勤番中、永井尚長が奉書を一人で見て忠勝に見せなかったので、忠勝が立腹し尚長殺害に及んだということですが、殺害の理由は定かではありません。ただ、この内藤忠勝は、浅野長矩の母の弟です。このあち、浅野長矩の刃傷事件・切腹のあと赤穂に入ったのが、その長矩の叔父（内藤忠勝）に殺された永井尚長の従弟にあたる直敬だったというのが皮肉なことではあります。

なお、尚長の家領没収のあとは、代わりに弟尚圓《なおみつ》が大和新庄一万石を許されて存続しました（のちに陣屋を領内の櫛羅へ移します）。代々大番頭を務めました。

◎——赤穂藩主・永井直敬

永井直敬画像（『加納町史 上巻』より）

永井直敬の肖像画は、『加納町史　上巻』に掲載されています（上図）。直敬は寛文四年（一六六四）に生まれ、奏者番から寺社奉行を兼ね、赤穂城主となったのは元禄十五年（一七〇二）、三十九歳のときです。同年九月一日に下野国烏山（現在の栃木県那須烏山市）から赤穂への移封が命じられ、十一月三日に龍野藩在番からの引渡しが完了しました。

そのあいだに三千石の加増があって、赤穂三万三千石というのがここで決まります。その内訳は『赤穂市史』によると、播磨国赤穂郡、加西郡、摂津国島上郡・島下郡、河内国茨田郡のうちです。詳しくは表のとおりです。摂津国島

表　1702 年赤穂藩永井直敬の所領

郡名	村名
赤　穂	加里屋（町）・中・塩屋・戸島新田・大津・木生谷・織方・織方枝郷石ヶ崎・鳥撫・真木・尾崎・御崎新浜・坂越・南野中・北野中・砂子・浜市・高野・根木・目坂・木津・真殿・中山・中山枝郷富原・有年栗栖・上菅生・下菅生・黒沢・西有年・楢原・楢原枝郷楢原新田（以上、赤穂市域）・相生・池之内・陸・那波・那波枝郷梨木新田・佐方・竹万・下栗原・上栗原・船坂・安室宿・落地・高山・高山枝郷行頭・大皆坂・岡・別名・名（44 村　20,776 石 227 合）
加　西	網引・田原・野条・東笠原・西笠原・三口・坂本（ 7　3,000　000 ）
摂津　島　上	（村名省略）（ 8　2,502　157 ）
島　下	（村名省略）（ 5　3,556　594 ）
河内　茨　田	（村名省略）（ 6　3,165　022 ）
計	70 村 33,000 石 000 合 改出新開 382 石 198 合

（『赤穂市史』第二巻、1983 年より）

上郡・島下郡、河内国茨田の合計が九千石余りで、これはどこに移封されても一緒です。今回永井家として播磨の地で与えられたのが赤穂郡の二万七七六石と、加西郡の三千石です。

宝永三年（一七〇六）正月二十八日、直敬は信濃国飯山（現在の長野県飯山市）へ移封が決まり、四月二十六日に赤穂城を引渡します。正徳元年（一七一一）には武蔵国岩槻（現在のさいたま市岩槻区）に移封、そのあとが尚平、そのあとが直陳《なおのぶ》で、直陳が宝暦六年（一七五六）に美濃国加納（現在の岐阜市加納）に移封され、幕末に至ります。

最後に、永井家でもう一人知っていただきたいのが、幕末の幕臣である永井尚志《なおゆき》です。赤穂藩主直敬のあと尚平と尚方の系譜に分かれますが、その尚方の系譜にあたります（ただし尚志は養子）。尚志は文化十三年（一八一六）に生まれ、長崎海軍伝習所を創設し、十五代将軍徳川慶喜を補佐して大政奉還実現の立役者になった人物です。
ですので、永井家は、徳川家康の将軍宣下の儀式に直勝が立ち会い、十五代将軍徳川慶喜が大政奉還する際に同じ永井家の尚志が関わった、つまり徳川幕府を最初から最後まで支えた譜代大名だったといえましょう。

《主な参考文献》

『歴史系企画展　碧南が生んだ戦国武将　永井直勝とその一族』碧南市教育委員会文化財課　二〇一二年
鈴木成元『永井直勝』一行院　一九六四年
『京都の歴史5』京都市　一九七二年
岩城卓二「第七章　譜代大名岡部氏と岸和田」『岸和田古城から城下町へ』和泉書院　二〇〇八年
山本武夫・山本博文「美濃加納永井家史料について」『東京大学史料編纂所報』二〇　一九八五年

江戸幕府の〝大外堀〟──あとがきに代えて

関ヶ原合戦の後、池田輝政が姫路に入封した。大坂の豊臣をにらみつつ、西国に配された有力外様大名を〝監視〟する──これが江戸幕府を開いた徳川家康の狙いであったことは周知の事実である。自身の二女・督姫を娶った娘婿で、上杉討伐、関ケ原を戦った輝政は、家康にとっては最も信頼のおける武将であり、「東西両にらみ」を利かせつつ、同時に和戦両様の構えをとるという困難な任務をこなせるほとんど唯一の人物であったと思われる。

この輝政に、播磨五二万石が与えられたが、その後、播磨全域を支配下におさめる大名は、誰もいない。〝輝政後〟の播磨は、次第に分割統治の様相を呈していく。播磨に絶大な権力を持たせたくないという幕府の思惑があったともいわれるが、定かではない。そうすることで、数多くの小大名を遇することができるという計算もあったかもしれないし、あるいは、分割しやすい土地柄であったかもしれない。

いずれにしても、幕藩体制下の播磨においては、姫路藩を核にして、周辺は、小藩の乱立状態となっていく。しかし、よく見てみると、乱立気味の小藩藩主には、一定程度の規則のようなものがうかがえる。それは、家康の息のかかった人物を中心に配されていることである。もちろん例外も多いが、そんな傾向は確かにある。

輝政が「西国将軍」と異称されるのは、幕藩体制下で、姫路・播磨が「西の砦」であったことを物語っている。いわば、播磨が「江戸幕府の〝西の堀〟」であったということだろう。列島を俯瞰してみると、そこは、いわば〝幕府の大外堀〟とでも言える役割を担っていたとみていいのではないか。

今回の連続講座は、家康没後四百年という節目に合わせ、家康と何らかの関係を持った播磨の藩主を取り上げてみた。各地から、十一人の専門の先生方をお招きし、それぞれの人物像をお話しいただいた。講座は、メーン会場の姫路市文化センターのほか、明石市、小野市、赤穂市でも開催し、より広く、より多くの受講者の皆さんをお迎えすることができたことをうれしく思っている。家康とのかかわりについては、濃淡はあるものの、その意向を受けて播磨各地に移封してきた藩主がいかに多かったかという事実が改めて確認できた。こうした家康との関係性の中から、江戸初期における播磨の地政学的な位置―〝幕府の大外堀〟というポジショニングが読み取れたのではないかと考えている。同時にそれは、播磨というエリアが、時の政権にとっては欠かすことのできない「外堀」の役目を果たしているということの証左になるかもしれない。

本書は、こうした思いをベースに、あらためて講義内容を一冊にまとめたものである。講師の先生方には、講演を快諾され、さらに新しい知見も含めお話をいただいたことに加え、講義録の執筆、修正、加筆等、大変な手数をおかけした。あらためて、深く感謝したい。

播磨学研究所は、昭和六十三年（一九八八）の発足以来、毎年、播磨に関する大きなテーマを決め、十回前後の連続講座を開催している。講座終了後は、その講義録を一冊にまとめて出版し、播磨の歴史文化情報の集積と発信に努めている。今回の出版で、講義録は二十四冊を数える。出版に当たっては、講師の先生方をはじめ、播磨学研究所の多くの会員の皆さん、播磨広域連携協議会二十二市町、姫路市、姫路市文化国際交流財団、兵庫県立大学、神戸新聞社など多くの関係機関に大変お世話になった。また、原稿整理等に当たっては、神戸新聞総合出版センターの皆さん、山本桂さんにも多大なご協力をいただいた。併せて、厚くお礼を申し上げたい。

平成二十九年七月

播磨学研究所長
兵庫県立大学特任教授　中元孝迪

北川　央　きたがわ ひろし
1961 年生まれ。大阪城天守閣館長。
専門は織豊期政治史、近世庶民信仰史、大阪地域史。
著書／『大阪城ふしぎ発見ウォーク』（フォーラム・A、2004）、『おおさか図像学』（編著、東方出版、2005）、『神と旅する太夫さん』（岩田書院、2008）、『大坂城と大坂の陣』（新風書房、2016）、『なにわの事もゆめの又ゆめ』（関西大学出版部、2016）など。

藤尾　隆志　ふじお たかし
1976 年生まれ。水戸市教育委員会歴史文化財課主幹。
専門は日本近世史。
著書・論文／「分家大名が本家大名に果たした役割―鴨方池田家池田政倚を事例に―」（関西大学史学・地理学会『史泉』122 号、2015）、『播磨新宮町史　史料編Ⅰ　古代・中世・近世』（共著、新宮町、2005）など。

新宮　義哲　しんぐう よしのり
1970 年生まれ。たつの市立龍野歴史文化資料館学芸員。
専門は中世史・民俗。
著書／『揖保川町史』第 1 巻（分担執筆、揖保川町、2005）・第 2 巻（同、2004）など。

粕谷　修一　かすや しゅういち
1965 年生まれ。小野市立好古館学芸員。
専門は日本古代史。
著書／『全国地域博物館図録総覧』（分担執筆、地方史研究協議会編、岩田書院、2007）など。

豆田　誠路　まめた せいじ
1977 年生まれ。碧南市教育委員会文化財課主査（学芸員）。
専門は日本近世史。碧南市藤井達吉現代美術館で歴史系企画展を担当。
図録編集・著書／碧南市藤井達吉現代美術館歴史系企画展図録編集『永井直勝とその一族』（2012）、『没後 130 年 山中信天翁と幕末維新』（2015）、『碧南の医人展』（2017）、『近江 愛知川町の歴史』第 2 巻（共著、2010）、『古地図で楽しむ三河』（共著、風媒社、2016）など。

◎執筆者紹介（掲載順）

安部　龍太郎　あべ りゅうたろう
1955年生まれ。歴史小説家。『等伯』にて第148回直木賞受賞。
著書／『等伯』（日本経済新聞出版社、2012）、近著に『おんなの城』（文藝春秋社、2016）、『半島をいく』（小学館、2016）、『家康』自立篇（幻冬舎、2016）など多数。

多田　暢久　ただ のぶひさ
1965年生まれ。姫路市立城郭研究室係長。
専門分野　中近世城郭の縄張り
論文・著書／「戦国期播磨における本城の成立」（『戦国武将と城』サンライズ出版2014）、『図解 近畿の城郭』Ⅰ～Ⅲ（分担執筆、戎光祥出版、2014～16）、『近畿の名城を歩く 大阪・兵庫・和歌山編』（分担執筆、吉川弘文館、2015）、『地中に眠る古代の播磨』（分担執筆、神戸新聞総合出版センター、1999）など。

伊藤　康晴　いとう やすはる
1967年生まれ。鳥取地域史研究会、新鳥取県史編さん委員会調査委員。
専門は日本近世史（藩政史・村落史・都市史）。
著書・論文／『大名 池田家のひろがり』（鳥取市歴史博物館、2001）、『大名たちの庭園（鳥取市歴史博物館、2004）、『池田家三代の遺産』（共著、2009）、「近世鳥取城下町における上水利用～水道設備と袋川の環境維持」（鳥取県立博物館発行『鳥取藩研究の最前線』所収、2017）、「「諸事集書」と池田輝澄について」（姫路市立城郭研究室『城郭研究室年報』所収、2017）など。

宮永　肇　みやなが はじめ
1940年生まれ。かみかわ史談会代表。福本歴史文化研究会。神河町議会議員。
著書／『姫路城の〝創業者〟池田家三代の遺産』（共著、神戸新聞総合出版センター、2009）、『播磨・福本史誌』（共著、2003）など。

宇那木　隆司　うなき たかし
1946年生まれ。姫路市教育委員会文化財課主任文化財専門員。
専門は日本中世史。
著著・論文／「今良の成立とその職能」（『職能民へのまなざし』2015）、『散所・声聞師・舞々の研究』（共著、思文閣出版2004）、「中世後期の東寺散所について」（『財団法人世界人権問題研究センター研究紀要3号』1998）など。

家康《いえやす》と播磨《はりま》の藩主《はんしゅ》

2017年8月10日　初版第1刷発行

編者――播磨学研究所
〒670-0092　姫路市新在家本町 1-1-22
兵庫県立大学内　TEL 079-296-1505
発行者――吉村一男
発行所――神戸新聞総合出版センター
〒650-0044　神戸市中央区東川崎町 1-5-7
TEL 078-362-7140 ／ FAX 078-361-7552
http://kobe-yomitai.jp/
装丁／神原宏一
印刷／神戸新聞総合印刷

落丁・乱丁本はお取り替えいたします

ISBN978-4-343-00962-3 C0021